Georges Hausemer

Erwin Böhm

Gesammelte Lebenslügen

Mabuse-Verlag
Frankfurt am Main

Bibliografische Information Der Deutschen Bibliothek
Die Deutsche Bibliothek verzeichnet diese Publikation in der Deutschen Nationalbibliografie; detaillierte bibliografische Daten sind im Internet unter http://dnb.ddb.de abrufbar.

Kasseler Str. 1a
60486 Frankfurt am Main
Tel.: 0 69 / 70 79 96-13
Fax: 0 69 / 70 41 52
www.mabuse-verlag.de

Druck: Fuldaer Verlagsanstalt
Umschlag- und Bildteilgestaltung: Karin Dienst, Frankfurt am Main
Satz: Wolfgang Röckel, Frankfurt am Main

ISBN: 3-935964-49-8
Printed in Germany

Inhalt

Der Anruf

Es beginnt mit einem Anruf. Ob ich mir vorstellen könne, eine Biografie zu schreiben. Sonderbares Angebot für jemanden, der bisher ausschließlich Romane und Erzählungen, Übersetzungen und Reisebücher, Zeitungsartikel und Gedichte veröffentlicht hat – aber warum nicht? In den letzten zwanzig Jahren habe ich, neben meiner literarisch-journalistischen Arbeit, bereits mehrere Schreibaufträge übernommen, für die ich zunächst nicht recht geeignet zu sein glaubte, die am Ende aber doch zur Zufriedenheit aller Beteiligten ausgeführt wurden. Im Prinzip kann ich mir also auch vorstellen, eine Biografie zu schreiben.

Und wessen Biografie, bitte? An diesem Nachmittag im September oder Oktober 2001 höre ich den Namen Erwin Böhm zum ersten Mal. Der Anrufer, Marc Avarello, ist ein enger Mitarbeiter und Vertrauter des österreichischen Pflegewissenschaftlers und -praktikers. Avarello leitet im luxemburgischen Itzig den Service RBS. Der Name dieser 1989 auf Initiative des luxemburgischen Familienministeriums gegründeten Vereinigung, die ein Fortbildungsinstitut und eine Seniorenakademie unter ihrem Dach vereint, ist mir bekannt, wenn auch nur beiläufig.

Wir vereinbaren, dass mir zunächst Informationsmaterial über Erwin Böhm und seine Arbeit zugeschickt wird und Avarello sich in ungefähr sechs Monaten erneut bei mir meldet. Dann würde ich bezüglich sonstiger Schreibverpflichtungen klarer sehen; dann könnten wir eventuell Genaueres über Inhalt und Form des geplanten Buches besprechen. Und auch über das Finanzielle reden. Vor allem aber darüber, ob der Vorschlag, eine Biografie zu verfassen über einen mir bislang völlig unbekannten Mann, mir überhaupt zusagt.

Einige Tage nach diesem ersten Anruf bekomme ich Post aus Itzig: ein dicker Umschlag mit allerlei Prospekten, Zeitungsausschnitten, ein paar Artikeln über Böhm und von Böhm. Auf einem der losen Blätter ist ein Foto von Erwin Böhm zu sehen.

Marc Avarello bleibt am Ball. Als er zum zweiten Mal anruft, weiß ich zumindest, dass es ihm mit der Böhm-Biografie ernst ist und dass er mich als Verfasser dieser Biografie gewinnen will. Höchste Zeit, dass ich mir über meine mögliche Rolle als Memoirenschreiber Gedanken mache, mir überlege, wie man ein solches Projekt am besten anpackt. Dass ich herauszufinden versuche, wie andere Biografen vor mir an ein solches Unternehmen herangegangen sind.

Wir verabreden uns im RBS-Büro, irgendwann im Frühjahr 2002. Avarello hat genaue Vorstellungen davon, warum eine Böhm-Biografie erscheinen und was sie beinhalten muss. Wir unterhalten uns über die inhaltliche Konzeption des zu verfassenden Werkes, sprechen über die notwendigen Recherchen und wünschenswerten Kontakte, legen einen ungefähren Zeitplan fest, einigen uns über einen noch locker gesteckten Honorarrahmen und beschließen, weiterhin in Kontakt zu bleiben. Bevor ich mich verabschiede, bekomme ich weitere Unterlagen zugesteckt: mehrere von Erwin Böhm verfasste Bücher, Zeitschriften über Altenpflege, zwei, drei Videokassetten, auf denen Vorträge und Kurse von Böhm festgehalten sind, noch einen dicken Batzen Fotokopien und sonstiges Material, mit dessen Hilfe ich mich, sobald ich die Zeit dazu finde, an ein mir bisher völlig fremdes Thema herantasten kann.

Aber interessiert mich dieses Thema überhaupt? Finde ich einen Zugang zu Fragen der Altenhilfe und Altenpflege, möchte ich mich tatsächlich mit der Alltagsarbeit in Altenheimen, Pflegeheimen und Kliniken beschäftigen? Oder bin ich mit Mitte vierzig noch zu jung, um über mein eigenes Älter- und Altwerden nachzudenken? Aber, am allerwichtigsten: Weckt die Person Erwin Böhm genügend Neugierde in mir, damit ich beschließe, seinem Leben und seinem Werk sechs, acht oder gar zehn Monate meiner Lebenszeit, meiner Energie, meiner Schaffenskraft zu widmen?

In den Wochen danach studiere ich die mir zur Verfügung gestellten Materialien. Und je eingehender ich mich mit Böhms ganz und gar außergewöhnlichem Lebenslauf befasse, je intensiver ich mich mit seinen Theorien und den Aussagen seiner Mitarbeiter, seiner Mitstreiter und Schüler, den so genannten „Böhmianern“ – ein Ausdruck übrigens, den Erwin Böhm selbst nur höchst ungern verwendet –, beschäftige, umso klarer wird mir, dass ich große Lust und auch den Ehrgeiz habe, mich über einen längeren Zeitraum diesem Mann, seinem Privatleben, seiner beruflichen Laufbahn und seinen außerberuflichen Aktivitäten zu widmen.

Zigaretten

Vianden in Luxemburg im Oktober. Ein strahlender, aber kühler Samstagvormittag. Ich bin etwas spät dran, habe für die rund sechzig Kilometer aus dem luxemburgischen Süden eine volle Stunde gebraucht. Sämtliche Parkplätze vor dem Kulturzentrum Larei sind besetzt. Unter anderem steht dort ein rotes Auto mit dem Schriftzug des luxemburgischen Rundfunksenders RTL. Eine gewisse Bedeutung wird die Veranstaltung, zu der ich eingeladen bin, also schon haben.

Hoch über dem Ardennenstädtchen thront die mächtige Burg. An den Flanken des Hügels leuchtet das Blattwerk der Sträucher und Bäume in den schönsten Herbstfarben. Eine Weile kurve ich herum, dann endlich entdecke ich eine Lücke an der schmalen Straße entlang des Flüsschens Our.

Bestimmt hat der Nationalkongress der luxemburgischen Alten- und Rentnervereinigung AMIPERAS längst begonnen. Als Festredner ist Professor Erwin Böhm aus Wien angekündigt. Am Eingang werden allerlei Flugblätter und Informationszettel verteilt. Ich stecke einige davon ein – man weiß nie, wozu sie noch zu gebrauchen sein werden.

Im Versammlungsraum sitzen nahezu vierhundert vornehmlich ältere Herrschaften, den Blick auf die Bühne gerichtet. Dort haben die Vorstandsmitglieder der AMIPERAS Platz genommen, ein paar Ehrengäste, die luxemburgische Familienministerin höchstpersönlich.

Weit und breit niemand, den ich kenne, der mich kennt. Bis plötzlich die junge Frau eintritt, die Marc Avarello und mir bei meinem letzten Besuch in Itzig, etwa drei Wochen zuvor, Kaffee serviert hat. Ihr Chef habe nach mir gesucht, in der ersten Reihe sei ein Platz für mich reserviert.

Da die Begrüßung bereits vorbei ist und ein erster Referent mit seinem Vortrag begonnen hat, ziehe ich es vor, unauffällig im hinteren Teil des Saals zu verharren und mir die Reden aus einer gewissen Distanz anzuhören, mir von hier aus einen ersten Überblick zu verschaffen. Allerdings ist es bis zum Podium so weit, dass ich die dort Aufgereihten nicht genau erkennen kann.

Nachdem ausführlich über den Umgang von älteren Menschen mit schnurlosen Telefonen und den neuesten technischen Errungenschaften dieser Branche referiert worden ist, tritt Marthe Haan-Duval, die RBS-Präsidentin, ans Rednerpult. Mit gediegenen Worten begrüßt sie den heutigen Gastredner, Professor Erwin Böhm aus Wien, der seine anschließende „Botschaft in bestem Hochdeutsch“ vortragen werde, damit auch jeder der Anwesenden ihn verstehen könne. Daraufhin erhebt sich einer der Herren vom Podiumstisch und steigt von der Bühne ans Mikrofon vorne im Saal. Man applaudiert mit artiger Zurückhaltung, so wie das von dem als ein wenig steif bekannten luxemburgischen Publikum nicht anders zu erwarten ist.

Eigentlich, so Böhm, habe er ein Exposé vorbereitet, das durch allerlei Grafiken, Bilder und Ähnliches unterstützt werden solle. Doch leider fehle der versprochene Overhead-Projektor, so dass er nun kurzfristig umdisponieren müsse, was aber kein Problem sei. Auf diese Weise erntet Erwin Böhm die ersten, noch scheuen Lacher. Ein schon eindeutigeres Raunen geht durch die Reihen, als er das Thema seines Vortrags bekannt gibt: „Wenn der Knoblauch nicht mehr hilft.“ Mit anderen Worten: In der nächsten Dreiviertelstunde spricht Erwin Böhm – aus dem Stegreif, ohne Skript, ohne Durchhänger und mit bei zahllosen ähnlichen Auftritten geschulter Eloquenz – über die Kunst des richtigen Alterns, über die „Bastelneurosen des Pflegepersonals“ und über alte Menschen, die in Pflegeheimen leben, noch Schiller zitieren können, aber das Klo nicht mehr finden.

Böhms Taktik: Er spricht als Alter zu Alten, er witzelt und schimpft, provoziert und beruhigt. Er spickt seine An- und Einsichten mit Bonmots, singt einige Zeilen aus „Die Beine von Dolores“ und behauptet, „dass der Knoblauch auch nicht mehr hilft, sobald die Freude an einem zünftigen Rap nachlässt“. Welch ein Unterschied zu jenen Rednerinnen und Rednern, die an diesem sonnengefluteten Tag in Vianden mal mehr und mal weniger überzeugend ihr rhetorisches Pensum erledigen!

Das also ist Erwin Böhm. So habe ich ihn mir vorgestellt, so ist er mir angekündigt worden. Einer, der seine Sache auf unkonventionelle Weise zu vertreten weiß, der sein Publikum im Handumdrehen um den Finger zu wickeln versteht. Aber woher kommen diese Gewissheit, diese Selbstsicherheit, diese Überzeugungskraft, sein Flair, die Aura, die ihn umgibt, sobald er auf der Bildfläche erscheint, das Wort ergreift? Was treibt ihn, nach mehr als vierzig Dienstjahren, immer noch an?

Der Mann, Anfang sechzig, mit dessen Geschichte, dessen Vergangenheit und Gegenwart ich die nächsten Wochen und Monate verbringen werde. Man hatte mich gewarnt: Erwin Böhm nimmt kein Blatt vor den Mund, er hat klare Vorstellungen und neigt zum chaotischen Erzählen, seine Gedanken sind so geordnet, wie seine Erinnerungen impulsiv und spontan, manchmal unvollständig und verworren sind. Und Erwin Böhm raucht. Kein Problem. Ich rauche ebenfalls. Wir werden uns, so meine Erfahrung, also bestens verstehen. Wir werden eine kleine Phalanx bilden gegen die offenbar immer größer werdende Mehrheit der Nichtraucher, der Zigarettenhasser und Nikotinallergiker. Der Schreiber und der zu Beschreibende: Erwin Böhm.

Sein Leben soll ich, muss ich in den Griff bekommen. Chronologisch auf die Reihe bringen. Die Fakten sammeln und hinter den Fakten den Menschen aufscheinen lassen, seine Erfolge und seine Niederlagen, seine Träume und seine Enttäuschungen.

Nach dem Ende der Veranstaltung, es ist inzwischen Mittag geworden, werden wir einander vorgestellt, von Marc Avarello. „Freut mich. Böhm ist mein Name“, sagt Erwin Böhm. „Ich bin Ihr Ghostwriter“, entfährt es mir. Dann bietet er mir eine Zigarette an, Marlboro light. Wir gehen nach draußen, an die frische Luft. Erwin Böhm ist ein wenig erschöpft, von dem ganzen Palaver, wie er sagt, das er in den letzten zwei, drei Stunden über sich ergehen lassen musste. Wir bekommen kaum ein Wort miteinander zu reden. Ständig mischt sich jemand ein, der etwas von ihm haben, der ihm für seinen wie immer brillanten Vortrag gratulieren, der ihn zum Mittagessen einladen, ihn nach dem Mittagessen kurz sprechen, einen Termin am nächsten Tag mit ihm vereinbaren will. Ich stehe daneben, beobachte, frage mich, ob es angebracht ist, das Notizheft hervorzunehmen, erste Eindrücke festzuhalten.

Es findet sich eine Gruppe, die zusammen in ein Viandener Restaurant fährt. Die Raucher werden an einem runden Tisch platziert. Herr Böhm bestellt ein Bier und schlägt vor, dass wir ab jetzt und sofort zum Du übergehen. Einverstanden. Er beginnt gleich zu erzählen. Zum Beispiel von den miserablen Schnitzeln, die er bei seinen bisherigen Aufenthalten in Luxemburg essen musste. Dass man sie zwar als Wiener Schnitzel bezeichnen würde, sie mit echten Wiener Schnitzeln aber nicht das Geringste –

Ich unterbreche ihn. Es geht mir zu schnell. Ich will zuerst meinen neuen Recorder einschalten, den Schreibblock und den Kugelschreiber vor mir liegen haben. So soll die Arbeit aussehen: Erwin Böhm erzählt, der Recorder läuft, ich notiere ein paar Stichworte, die mir später, beim Abhören des Aufgenommenen, bei der Orientierung helfen werden, die mir die Rekonstruktion des Erzählten ermöglichen, für den Fall, dass die Technik mich im Stich lässt, ich irgendwann den falschen Knopf gedrückt habe. Ja, so habe ich mir das vorgestellt: Erwin Böhm erzählt, ich höre zu, stelle hin und wieder eine Zwischenfrage, bitte um diese oder jene Präzisierung, lasse ihn abschweifen, greife jedoch ein, wenn der rote Faden verloren zu gehen droht. Ich erkläre Erwin Böhm diesen Plan, und er antwortet: „Ja, so machen wir das."

Während des Essens schalte ich den Recorder aus. Niemand hat Wiener Schnitzel bestellt. Ich versuche, mir von den Tischgesprächen dieses und jenes zu merken, um es nicht zu vergessen und es anschließend in meinem Heft festhalten zu können. Einzelne Wörter, Namen, Anekdoten, auf die wir später, irgendwann einmal zurückkommen, die in einen größeren Zusammenhang gestellt werden müssen, die auf keinen Fall verloren gehen dürfen. Später stehen dort, unter der Überschrift „Fragen an EB" und mit Fragezeichen versehen, die beiden Ausdrücke „Gewalt in der Pflege" und „Politische Einstellung".

Nach dem Essen will ich die Gelegenheit nutzen und einige der anwesenden Böhm-Schüler interviewen, die zum Teil extra aus dem Ausland angereist sind, um Erwin Böhm wiederzusehen, sich dessen neuesten Vortrag, das Knoblauch-Referat, anzuhören, das aber am Ende „wegen technischer Probleme", also wegen des fehlenden Overhead-Projektors, nicht wie geplant gehalten werden konnte.

Wir setzen uns an einen Tisch in einer ruhigeren Ecke des Restaurants. Der Recorder läuft. Der Notizblock liegt parat. Meine erste Gesprächspartnerin: Marianne Kochanski, Heimleiterin in Bochum, Lehrerin für psychobiografische Pflege nach Böhm. Ich lasse sie erzählen. Von ihrer ersten Begegnung mit Erwin Böhm im Jahre 1986, als sie mit einer Gruppe aus Deutschland nach Wien eingeladen war, um das Böhm'sche Modell kennen zu lernen, in die psychiatrische Klinik auf der Baumgartner Höhe: „Er stand in einem langen weißen Mantel vor uns und hat uns begrüßt, in einem großen Saal, an einem großen, runden Tisch mit Filztuch, und er sprach über Dinge, von denen ich vorher nie etwas gehört hatte. Er erzählte, und ich dachte: Ja, das ist es! Genau das ist es! Die deutschen Politiker, die uns begleiteten, saßen da und haben Fragen gestellt, die deutlich machten, dass sie von Böhms Philosophie überhaupt nichts begriffen hatten. Irgendwann sagte er, er habe gahört, es sei eine Kollegin mitgereist, der würde er gerne die Station zeigen. Das war ich. Ich war so beeindruckt, dass ich es nicht wagte, ihm auch nur eine einzige Frage zu stellen. Eine halbe Stunde lang lief ich einfach nur neben ihm her, während er mir seine Arbeit erklärte. Ich sah die Station, die Station war karg, die Betten waren nicht gemacht, und für mich war klar: Ja, so, genau so sollte das Arbeiten gehen. Während unsere Politiker meinten, bei uns sei aber alles viel sauberer und ordentlicher, ja, in Bochum sei einfach alles viel schöner. Und ich habe gedacht, ich müsste schizophren werden."

Ich versuche, mir eine Zwischenfrage zurechtzulegen, die nicht allzu eindeutig verrät, wie wenig ich im Grunde erst über Erwin Böhm und seine Arbeit Bescheid weiß. Wie ungeduldig ich bin, mehr darüber zu erfahren, um mir ein genaueres Bild machen, um später einmal die richtigen, die entscheidenden Fragen stellen zu können.

Frau Kochanski erzählt im Detail, was ich von ihr wissen will, ohne dass ich sie danach fragen muss. Von den späteren, häufigen Telefonaten nach Wien, vom Kontakt mit den Kolleginnen auf der dortigen Böhm-Station. Von den Schwierigkeiten, das Böhm-Modell in Bochum in die Praxis umzusetzen. Und vor allem: von Böhms Charisma, von seiner Ausstrahlung, seiner Natürlichkeit und Normalität, die sie mit jedem neuen Vortrag, den sie von ihm gehört habe, immer stärker beeindruckt hätten: „Fasziniert war ich von Böhms Modell und von seiner Persönlichkeit. Es wurde für mich unabdingbar, diese Arbeit auch in Deutschland zu machen, mit seiner Unterstützung. Und als ich an einem Punkt angekommen war, an dem ich nicht weiterkam, sagte der, den ich stets als sehr sensibel, sehr feinfühlig erlebt hatte, zu mir: ‚Du kriegst deinen Arsch auch nicht hoch!' Genau das war der negative Impuls, den ich brauchte, der mich weiterbrachte, weil ich ihm zeigen wollte: Doch, ich krieg' meinen Arsch sehr wohl hoch! So war das all die Jahre über. Erwin hat stets den richtigen Impuls gesetzt. Was im Modell beschrieben ist, wurde zum normalen Umgang miteinander."

Zwischendurch werfe ich einen Blick auf den Rauchertisch. Erwin Böhm sitzt da, in sich ruhend, bedächtig seine Zigarette zum Mund führend, redend. Um ihn herum Menschen, die ihn anschauen, ihm zuhören, die mit ihm lachen, die seine Gesellschaft genießen, die eine wohltuende, in jahrelanger Freundschaft gewachsene Vertrautheit mit ihm verbindet – „die ihn erleben", wie Marianne Kochanski es ausdrückt.

Ob so einer auch Gegner habe, will ich wissen. „Natürlich!", erwidert Frau Kochanski. „Es gibt verschiedene Argumente, die gegen ihn und sein

Modell vorgebracht werden. Es sei nicht genügend Geld, nicht das passende Personal da. Doch nie geht es um die Inhalte, um grundsätzliche Zweifel an dem, was das Modell eigentlich ausmacht. Klar, auch in der Altenpflege herrscht Angst vor Veränderungen, vor dem Verlust von Sicherheiten und Machtpotenzial. Aber wenn wir wirklich wollen, dass sich in der Altenpflege etwas ändert, dann müssen alle beteiligt werden und mitziehen. Alle Beteiligten müssen kapieren, dass man anders mit Menschen umgehen muss. Jeder muss sein Bild der Krankheit überdenken und ändern. Genau das ist Erwin Böhm gelungen, egal, welche Terminologie dahinter steckt: Negatives in etwas Positives umzusetzen. Er hat es geschafft, das positive Denken in die Altenpflege zu übertragen und sich nicht an Defiziten zu orientieren, die Menschen zu akzeptieren, so, wie sie sind, als jemand, der lebt und leben lässt."

Und eine letzte Aussage von Marianne Kochanski über Erwin Böhm, die mir später, mit diesen oder ähnlichen Worten, immer wieder bestätigt werden wird: „Wenn ich ihn erlebe, kommt er mir immer vor wie ein Naturereignis, wie ein Gewitter in den Bergen, wie ein warmer Regen, der einen mit Energien volltankt, und damit kommt man auch durch einen ganz trockenen Sommer."

Nun bin ich mittendrin. Habe Dinge über Erwin Böhm erfahren, die er mir, so meine Vermutung, von sich aus nie oder zumindest nicht auf diese Weise, mit diesen Worten erzählen würde. Oder an die er sich, wie sich später herausstellen wird, einfach nicht mehr erinnern kann. Eine erste Sicht von außen, auf die ich, so mein Plan, unmöglich verzichten kann. Weil ich mich nicht mit dem begnügen will, was Erwin Böhm von sich selbst preisgibt. Weil ich in seine Lebensbeschreibung einarbeiten möchte, was andere über ihn denken, wie andere ihn erleben.

Als der nächste Interviewpartner vor dem Mikrofon Platz nimmt, habe ich bereits ein Quäntchen Übung und Erfahrung gesammelt. Paul Reuter, gebürtiger Luxemburger, ehemaliger Mitarbeiter und Direktor der Alzheimer-Gesellschaft, Böhm-Lehrer und inzwischen Direktor des Pflegeheims im luxemburgischen Berburg. Um 1994 beginnt er sich mit verschiedenen Modellen der Altenpflege zu beschäftigen. Bis Marc Avarello ihm eines Tages rät: „Geh dir doch mal Erwin Böhm anhören!"

Es folgt ein achttägiger Kurs. „Ich saß vorne in der ersten Reihe, ganz links“, erinnert sich Reuter. „Mir blieben Augen und Mund offen stehen. Da war einer, der genau wusste, wovon er sprach. Das war nicht nur pure Theorie, das war etwas, was dieser Mensch erlebt hatte. Doch anfangs war ich eher skeptisch. Ich dachte, das kann doch nicht sein! So einfach ist dieses Modell, und offenbar funktioniert es! In der Pause ging ich zu ihm: ‚Das ist genial.‘ Böhm erwiderte bloß: ‚Ja, ich habe an deiner Mimik erkannt, dass dich das interessiert. Du gefällst mir.‘ Und je länger ich mit ihm zusammen war, umso faszinierter war ich. Später sagte er zu mir: ‚Komm, du bist eine wilde Sau, ich möchte, dass du Böhm-Lehrer wirst.‘“

Wie würde Paul Reuter das Wesentliche des Böhm-Modells beschreiben?

„Böhm sieht, im Gegensatz zu anderen Modellen, für jeden einzelnen Bewohner der Alten- und Pflegeheime eine eigene Therapie vor. Er berücksichtigt individuelle Bedürfnisse. An sich ist dieses Modell so ausgewogen, dass es nicht angegriffen werden kann. Kritisiert wird nur die Art und Weise, wie der Mensch Böhm es vermittelt. Indem er von ‚alten Weibern‘, von ‚Bumsen‘ und anderen Dingen spricht, die eigentlich tabu sind. Aber das ist seine Methodologie, um die Leute wachzurütteln.“

Und wie würde Reuter den Menschen Erwin Böhm beschreiben?

„Er ist ein bisschen proletarisch, genauso wie ich. Ein Provokateur, der gleichzeitig eine Menge Feingefühl aufbringt. Zudem ist er sehr unternehmungslustig, ständig auf Achse, jemand, der gerne redet, gerne Diskussionen anfängt ... und mit diesen Diskussionen einen Lawinen-, einen Schneeballeffekt auslöst. Ein Kämpfer, der alles versucht, um seine Ideen um- und durchzusetzen, der sich seinen Weg freigekämpft hat. Insofern ist unsere Arbeit als Böhm-Lehrer eigentlich sehr einfach: Weil er uns den Weg geebnet hat.“

Ich spüre Erleichterung darüber, dass sich für mich erste Facetten eines Böhm-Porträts ergeben haben. Sie werden mir helfen, bei den einleitenden Gesprächen mit Erwin Böhm nicht auf dem falschen Fuß erwischt zu werden, die ersten Gesprächsbälle mit einer gewissen Geschicklichkeit hin- und herzuwerfen.

Anschließend sitzen wir bei einem Kaffee noch eine Weile zusammen, überlegen, wie wir in der Folge vorgehen werden: Terminplanung, nächste Treffen. Und ein paar Ideen, wie unsere künftige gemeinsame Arbeit aussehen könnte.

Unterwegs

Wann immer Erwin Böhm in den letzten zehn, zwölf Jahren nach Luxemburg kam, stieg er im Parc-Hotel in Mondorf ab. So auch diesmal. Erneut ein sonniger, aber eisig kalter Tag. Böhm hat sich leicht erkältet, Halsschmerzen, aber leider keinen Schal dabei. Die Schiffermütze muss genügen.

Zum Mittagessen fahren wir zu einem Restaurant an der Mosel, mit Recorder, Notizblock und etlichen Fragen im Gepäck. Erwin Böhm hat ein blaues Mäppchen dabei, darin ein paar lose Blätter mit seinem Lebenslauf, seiner, wie er es nennt, „beruflichen Entwicklungsgeschichte".

Erwin Böhm erzählt von seinen gastronomischen Vorlieben: Die erste Geschichte vom versalzenen Gulasch, dem russischen Fleischlaberl ...

Ich unterbreche ihn. Sollten wir nicht am besten ganz am Anfang beginnen? Ich habe mir ein Verfahren ausgedacht, das logisch und effizient erscheint. Das ich stichwortartig festgehalten habe und Erwin Böhm jetzt vorlege: Geburt, Kindheit, Jugendjahre, Ausbildung, Lehrzeit, Berufsjahre. Was hält er davon? Aber lässt sich ein über sechzig Jahre währendes, von ständigen Brüchen und Umschwüngen charakterisiertes Leben abhaken wie ein Stichwortkatalog? Wäre es besser, chronologisch oder nach thematischen Gesichtspunkten vorzugehen? Oder muss man lange vor dem eigentlichen Anfang beginnen?

Wir bestellen ein zweites Bier. Dann bringt die Bedienung die üppig gefüllten Tabletts. Im Hintergrund läuft Walzermusik von Johann Strauß. Als hätte man gewusst, wer am Mittagstisch hier Platz nimmt. Als versuchte man auf eine etwas plumpe Weise, Erwin Böhm in die richtige Stimmung zu versetzen, mit den vertrauten, heimischen Melodien. Zwei-, dreimal summt er tatsächlich leise mit. Und erzählt, dass er als junger Mann eigentlich Operettensänger hatte werden wollen.

„Aber zunächst mal eine grundsätzliche Frage", werfe ich ein. Wie soll ich mich in das Thema einarbeiten? Gibt es Bücher, die ich unbedingt lesen muss, um Böhms Arbeit verstehen, einschätzen zu können?

Böhm winkt ab. „Das hat keinen Sinn. Womit willst du denn anfangen?"

„Ich hatte an Sigmund Freud gedacht, an Adler, Jung, anerkannte, berühmte Männer, die sich mit diesen Dingen beschäftigt haben."

„Quatsch", erwidert Böhm. Und spricht zum ersten Mal vom „Keller", jenem Keller, in dem das ganze Material zum Leben und Werk Erwin Böhms zu lagern scheint. In jenem Keller, verspricht er, sei alles zu finden, was ich wissen muss. Meterweise Dossiers mit Zeitungsausschnitten, Skripten und Drucksachen, Fotoalben, Kisten vollgestopft mit Unterlagen, Erinnerungsstücken, Broschüren und „alle Widersprüche, die mein Leben ebenfalls ausmachen". Sowie jede Menge Bücher, die Böhm in den letzten vierzig Jahren gelesen, durchgeackert, verinnerlicht hat. Und deren Inhalt will ich mir in ein paar Tagen, einigen Wochen aneignen. „Unmöglich!", behauptet er und braucht kein weiteres Wort hinzuzufügen, um mich von der Untauglichkeit meines Vorhabens zu überzeugen. Schließlich kommt er dann doch genauer auf dieses Thema zu sprechen: „Das Lesen von Grundsatzliteratur hat keinen Sinn, weil mein Weg ein anderer war, der umgekehrte. Zunächst unterhielt ich mich mit den Patienten und versuchte, irgendetwas für sie zu tun. War ihre Reaktion positiv, so ging ich in meinen Keller und suchte dort, unabhängig von den Autoren, nach psychologischen, tiefenpsychologischen Texten, die meine Frage, ob dieses oder jenes Verhalten in der Literatur bereits beschrieben worden war, beantworten sollten. Und tatsächlich, das meiste fand ich dort wieder."

Hier mischt Marc Avarello sich ein: „Erwin ist ein genialer Beobachter. Er hat ein unglaubliches Talent, zu schauen und von seinen Beobachtungen ausgehend herauszufinden, was wie funktioniert. So hat er stets gearbeitet, aus der unmittelbaren Phänomenologie heraus: Schauen, verstehen. Erst in einem zweiten Schritt hat er innerhalb von 25 Jahren die gesamte Literatur aufgearbeitet und festgestellt, dass es dazu jede Menge passender Erkenntnisse aus der Tiefen-, Entwicklungs- und Lernpsychologie gibt."

Es fallen Ausdrücke wie der Prägungsbegriff nach Konrad Lorenz, Irreversibilitätsgedanke, Signalsprache, Übergangspflege, Coping – lauter Wortgebilde, mit denen ich nichts anzufangen weiß. Vermutlich, so ahne ich, bleibt mir nichts anderes übrig, als Erwin Böhm zunächst einmal frei und ungezwungen drauflos erzählen zu lassen.

Am nächsten Tag beginne ich mit dem Abhören der ersten Recorderaufnahmen. Ich sitze am Computer, öffne eine Datei, die ich „Böhm-Interviews 1" nenne, und tippe das ein, was durch die Stöpsel an mein Ohr dringt. Dabei bestätigt sich, was ich bereits während unserer Gespräche befürchtet hatte: Sie bestanden hauptsächlich aus unzusammenhängenden Episoden und Anekdoten, aus der beiläufigen Erwähnung von Namen und Ereignissen, aus

Nebensächlichkeiten, Begriffen aus dem Fachjargon und zufälligen Zwischenbemerkungen und Unterbrechungen. Und aus meinen regelmäßig dazwischengeschobenen, meist ziemlich naiv und ahnungslos klingenden Verständnisfragen. Das alles ohne Rücksicht auf zeitliche Abläufe und logische Übergänge – disparate Fetzen eines Lebens, dessen Überfülle man sprechend, erzählend Herr zu werden versucht.

Erwin Böhm nennt Ereignisse, Fallbeispiele, Namen von Menschen, die für seine berufliche Laufbahn wichtig waren oder ihm bloß als kuriose Figuren in Erinnerung geblieben sind, aber es bleibt einstweilen bei Andeutungen. Die Raudasch-Story, der Anatomielehrer Hackl, die 86-Jährige mit Reizwäsche und roten Stöckelschuhen, Gruber, Senal, Prieglinger-Leo, Peuster ... Nicht einmal die korrekte Schreibweise dieser Namen steht zum jetzigen Zeitpunkt fest. Aber es gibt ja, Gott sei Dank, „den Keller". Dort werden wir, so Böhms Trost, alle Details prüfen, die genauen Daten herausfinden. „Dazu gehen wir dann in den Keller" – ein Satz, der auf den Aufnahmen häufig wiederkehrt und der mich einstweilen beruhigt. Der Keller als letzter Rettungsanker, sozusagen. Längst sind wir auf dem Weg dorthin.

Am Berg

Wien im Mai 1940. Neun Monate zuvor, am 1. September 1939, hat mit dem Überfall der deutschen Wehrmacht auf Polen der Zweite Weltkrieg begonnen. Bereits in den Morgenstunden des 12. März 1938 sind Hitlers Truppen in Österreich einmarschiert und von der Bevölkerung unter stürmischen Jubelszenen empfangen worden. Die Regierung Seyß-Inquart hat den „Anschluss" vollzogen, der durch die Volksabstimmung am 10. April 1938 bestätigt wird. Am Morgen des 14. März 1938 trifft der Führer, bekanntlich ein gebürtiger Österreicher, in Wien ein. Am nächsten Tag, anlässlich der eigentlichen „Befreiungsfeier", spricht er vom Balkon der Neuen Hofburg auf dem Heldenplatz zu vierhunderttausend begeisterten Österreichern. Vier Wochen später, am 10. April 1938, dürfen die Bewohner Großdeutschlands darüber abstimmen, ob sie mit der Wiedervereinigung Österreichs mit dem Deutschen Reich und Hitlers Politik im Allgemeinen einverstanden sind. 99,02 Prozent der Wahlberechtigten aus dem so genannten „Altreich" stimmen mit Ja. In Österreich, das von nun an im offiziellen Sprachgebrauch nur noch als „Ostmark" bezeichnet wird, erklären gar 99,73 Prozent der Wähler ihre Zustimmung. Noch lässt das Ausland Hitler gewähren. Bereits am 2. April 1938 haben Großbritannien, Frankreich, Polen, Belgien, Jugoslawien und die Tschechoslowakei das neue Großreich anerkannt.

Im äußersten Westen des Wiener Stadtgebiets liegt die alte Siedlung Hütteldorf. Unmittelbar hinter der Ortschaft erhebt sich der 322 Meter hohe Wolfersberg, einer der letzten Ausläufer des östlichen Wienerwaldes. Am 16. Mai 1940 wird auf dem Wolfersberg, im Venusweg Nummer 28, dem heutigen 14. Wiener Gemeindebezirk, Erwin Böhm geboren. Der Vater, Mathias, Jahrgang 1888, ist ein so genannter Heimatvertriebener aus dem tschechischen Mähren. Aus erster Ehe hat er einen 25-jährigen Sohn, Leopold. Für Grete, die 1905 geborene Mutter, ist Erwin das erste Kind. Da der Säugling zwei Tage früher als geplant zur Welt kommt, ist sie auf die Geburt ziemlich unvorbereitet und entbindet zu Hause, mit einer Nachbarin als Ersatz-Hebamme. Drei, vier Tage später bringt die Mutter es ins Spital, um prüfen zu lassen, ob es gesund ist.

„Der erste Schock", erinnert sich Erwin Böhm später. Nein, es handelt sich nicht um Erinnerungen, sondern um Vermutungen. „Zwischen null und drei Jahren nimmt man erst einmal gar nichts zur Kenntnis. Dass es so etwas wie ein Milieu, eine Wohnung gibt, nimmt man erst zwischen drei und sechs wahr." Anders Erwin Böhm: „Am Venusweg, unterhalb des Venushügels geboren zu werden, war für mich schon mal ein freudiges Ereignis und mit einer Neugier besetzt, die mir bis heute nicht verloren gegangen ist."

Doch dann der Schock im Krankenhaus: das grelle Licht, die weiß gekleideten Ärzte und Schwestern mit Tüchern vor dem Mund. „Man fällt aus einem geschützten Raum, dem Uterus, in die Welt hinein. Für mich war es sehr wesentlich, dass ich nicht, wie die meisten Menschen, in einem aseptischen, grün gekachelten Operationssaal zur Welt kam, sondern zu Hause, in meinem Milieu, wo ich sofort den Geruch der Küche, des Holzes wahrnahm. Daher meine Ablehnung der Spital-Atmosphäre, gegen die ich mich mein Leben lang gesträubt habe. Weshalb ich der furchtbarste Patient bin, den man sich vorstellen kann."

War das denn nun der Anfang von allem? Nein! Es fehlt die pränatale Biografie. „Gezeugt wurde ich angeblich während einer Klettertour auf einer Schutzhütte, der Kientalerhütte am Schneeberg, in der Nähe von Breitenau", wo Erwin Böhm übrigens seit 1995 wohnt. In Breitenau, Niederösterreich, mit Blick auf den besagten Schneeberg und den Ratz, wohin er auch später immer wieder Klettertouren unternehmen wird.

Also die Jahre null bis drei, der erste Prägungszeitraum, Interaktionsstufe 6-7, wie Böhm diese Phase in seinem Pflegemodell nennen wird. Keine Erinnerungen, aber Gefühle: In welches Milieu man hineingeboren, welcher Dialekt dort gesprochen wird, das gesamte Umfeld, der Geruch des Holzhauses, die Nachbarn, der Keller; das Erdgeschoss, wo er mit den Eltern wohnt, die erste Etage, auf der sein Halbbruder, dessen Frau und deren beide Kinder leben. Lauter „sehr bewegte Menschen, die mich bewegten". Der Vater: „Ein wilder Hund, der Leben ausstrahlt." Die Mutter: „Die lustige Gretel", von der der Sohn alles resorbiert. Die Freunde, die in den ersten Lebenswochen für viel Wirbel und Lachen um den Neugeborenen sorgen. „Alle diese Zusammenhänge führten dazu, dass mein vitaler Elan, meine Lebenskraft, ziemlich ausgeprägt ist."

Ein erster Wermutstropfen: „Die Mutter hat zwar einen großen Busen, aber keine Milch. Folglich bin ich im Prinzip oral frustriert, mit Auswirkungen, die sich später deutlich zeigten." Das Rauchen etwa gelte als Ausdruck eines typischen Nachholbedürfnisses bei Menschen, deren oraler Lustgewinn in der ersten Lebenszeit zu gering gewesen sei. Auch der Hang zum

Reden rühre von oraler Frustration, unter der man sein Leben lang leide. „Hinzu kommen noch das Saufen und Fressen“, wie Böhm ergänzt. Und nicht zu vergessen die Frauen, die nicht gestillt wurden und folglich ebenfalls nach oraler Befriedigung suchten. So nebenbei erklärt er mir, dass nach Freud auch eine erhöhte Freude an oralem Sex fixiert bleiben könne.

Darf ich das im Originalton hinschreiben? In dem Ton, in dem es ursprünglich formuliert wurde? Spontan, frei heraus, unverblümt oder, wenn man so will: „unverböhmt“. So wie Böhm eben spricht. Einstweilen beschließe ich, so nah wie möglich am Original zu bleiben, nichts zu unterschlagen. Aber auch keine seiner Aussagen zu bewerten.

Später, anlässlich meines Besuchs in Breitenau, werden wir noch ausführlich über diese Zeit, Böhms erste Lebensjahre, diskutieren. Interaktionsstufe 6-7, wie gesagt, die ersten drei Lebensjahre, nach Böhm die Zeit der Intuition und der Urkommunikation. Es ist seine Idee, unser Buch nach dem Schema seines vierstufigen Interaktionsstufenmodells aufzubauen, damit die Biografie gleichzeitig als eine Art Lehrbuch verstanden werden kann. Ich bin skeptisch, zumal Böhm selbst zugibt, dass kein Mensch sich wirklich an seine ersten drei Lebensjahre erinnern kann. Vermutungen, ja, diffuse Gefühle. Annahmen, die auf späteren Erfahrungen beruhen.

Politisch betrachtet ist Böhms Geburtsmonat eine ausgesprochen unruhige, bewegte Zeit. Am 10. Mai sind deutsche Truppen in Belgien, den Niederlanden und Luxemburg einmarschiert, um – wie es im nationalsozialistischen Jargon heißt – die Neutralität dieser Länder „gegen die englisch-französischen Aggressionen unter den Schutz des Führers zu nehmen“.

Über die politischen Ansichten von Erwin Böhms Eltern ist nichts bekannt. Im Verlauf unserer gemeinsamen Arbeit spreche ich ihren Sohn mehrmals darauf an, ohne Erfolg. Erwin Böhms Vater stirbt 1971, die Mutter ist zum Zeitpunkt meiner Recherchen fast hundert Jahre alt und lebt, in einem Zustand fortgeschrittener Demenz, in einem Wiener Pflegeheim. Sie kann sich demnach weder zu diesem noch zu anderen Punkten äußern. Böhms eigene Erinnerungen an jene Zeit sind eher lückenhaft. Mein hartnäckiges Nachfragen entlockt ihm schließlich die Geschichte von Peter, der Gans. Diese lebt in den Jahren 1943-44 im Garten des Häuschens am Venusweg 28. Wie so viele Menschen züchtet auch Vater Mathias in jener Zeit, „als es nichts zu fressen gab“, Geflügel und Kaninchen, die den ansonsten recht mageren und eintönigen Speiseplan der Familie etwas nahrhafter und abwechslungsreicher gestalten.

Peter, die Gans, aber erfüllt im Grunde eine andere Funktion: „Dieser Riesenvogel war eigentlich mein Babysitter. Er passte auf mich auf. Wenn ich wegzulaufen drohte, zog und schubste er mich mit dem Schnabel zum Haus zurück. Was wohl dazu führte, dass ich bis heute in Riesenvögeln vor allem ihre Schutzfunktion sehe und, in einem weiter gefassten, auch übertragenen Sinn, alle komischen Vögel problemlos akzeptieren kann als jemand, der es besser mit mir meint als ein rational denkender Mensch.“

„Deckerinnerungen“ – so nennt Erwin Böhm diese Art zufälliger Reminiszenzen. Gemeint sind jene Geschichten, die viele andere zudecken, welche nur scheinbar dem Vergessen anheim gefallen sind. Tippt man nämlich zufällig eine dieser Geschichten an, so kommen viele andere zum Vorschein. Beispielsweise die Episode am Zaun, die Erwin Böhm bei unseren Gesprächen mehrmals erwähnt und, wenn auch mit einem Augenzwinkern, als Auslöser seines späteren beruflichen Interesses interpretiert.

Interaktionsstufe 4-5. Erwin Böhm ist blond gelockt und zwischen drei und sechs Jahren alt. In jenen turbulenten Jahren hat er durch „Prägungen und höhere Antriebe“ gelernt, mit Hilfe welcher Strategien man sich erfolgreich durchschlägt, das heißt, sich zusätzliche Nahrung verschafft. „Ich stellte mich an den Zaun vor unserem Haus, wo regelmäßig ältere Frauen vorbeikamen. Denen brauchte ich, wie ich intuitiv wusste, nur zuzulächeln, damit sie mir, dem Knirps, etwas zu essen gaben. Meist war das Würfelzucker, Bonbons hat's ja damals kaum gegeben. Nach dem Krieg kam dann diese amerikanische Kriegsmarmelade, auf die war ich ganz deppert, Marmelade, die in Blöcken geschnitten wurde, so zehn mal zwanzig Zentimeter, eine Art Stollen, den man in Scheiben schnitt. Davon gaben mir die Damen dann kleine Stücke ab, die ich mit enormer Gier gefressen hab’, ohne sie mit Brot zu verlängern, denn die Mutter sah’s ja nicht. Ja, alles, was von diesen Damen am Zaun kam, war mit ungeheurer oraler Triebbefriedigung verbunden, deren Spätfolge die Rehabilitierungsidee war, als Wiedergutmachung vor allem gegenüber alten Frauen. Bei Menschen, die relativ gierig essen, aus Angst, jemand könnte ihnen die Nahrungsmittel vom Teller wegschnappen, die nichts aufheben, nichts sparen. Denn alles, was man nicht selber frisst, könnte ja irgendwie verloren gehen.

Andererseits aber habe ich diese Frauen, die für mich Brotspender waren, wie später alle Frauen, natürlich auch betrogen, missbraucht – und aus diesem Grund erfand ich später die Übergangspflege. Aus einem schlechten Gewissen diesen Frauen gegenüber, denen ich etwas zurückgeben musste. Und das tat ich, indem ich sie rehabilitierte. Hinzu kommt, dass ich damals, wie die meisten Kinder, unterernährt und unterversorgt war, häufig unter Lungenentzündungen litt und mehrmals in das mir verhasste Kinderspital im Osten Wiens eingeliefert wurde. Überall diese weiß gekleideten Menschen, die bösen Schwestern, die mir Angst machten. Übrigens bin ich als Sechs- bis Achtjähriger mehrmals aus dem Spital geflüchtet, so wie ich vorher bereits aus dem Kindergarten abgehauen war. Aus diesen negativen Erfahrungen heraus musste ich förmlich die Übergangspflege erfinden, die am Ende ja darauf hinausläuft, den Pflegern ihre Patienten wegzunehmen. Als Folge einer Art Jesus-Syndrom.

Und noch etwas, weil man mir ja häufig vorwirft, ich sei frauenfeindlich. Das hat, meiner Meinung nach, mit der Erziehung zum Katholizismus zu tun. Und mit den ersten Märchen, mit denen man in Kontakt kommt. Grimms Märchen, in denen man die alte Hexe kennen lernt, die Hänsel und Gretel verbrennt. Mit diesem Bild der alten Weiber wuchs ich auf. Sie haben Gichthände und Hakennasen, zunächst geben sie Süßigkeiten her, dann verbrennen sie die beschenkten Kinder. Daher meine plötzliche Angst vor alten Damen. Denn ich wusste ja noch nicht, dass ich eigentlich derjenige bin, der die Beziehung steuert. Der positive Gegenpart zu den Frauen war der liebe Gott, ein alter Mann mit Bart, der angeblich immer so lieb ist. Also schmeiß' ich mich in die Arme des vermutlich Netteren und frage mich, ob die Weiber vielleicht doch nicht so toll sind. Das alles mögen Gründe dafür sein, weshalb ich bei meinen Vorträgen auf der Bühne manchmal so bösartig gegen den Muttertrieb feuere."

Die letzten Kriegsmonate erlebt Erwin Böhm, zumindest im Rückblick, eher als aufregend denn als bedrohlich: „Das Elternhaus stand fast auf dem Gipfel des Wolfersbergs. Ganz oben befand sich die westliche Fliegerabwehr für Wien. Alle einkommenden Flieger wollten als Erstes diese Flak zerstören. Somit lagen wir in der direkten Einflugschneise bei der Bombardierung von Wien, also im Zentrum einer Art Zielschießen. Natürlich wusste ich als Kleinkind nicht, was Krieg bedeutet, dass der Krieg den Tod bringen kann. Aber gleichzeitig habe ich recht viel von den Kriegsereignissen mitbekommen. Und alles war wahnsinnig spannend: die Suchscheinwerfer, der Lärm, das Schießen ganz in der Nähe unseres Hauses.

Unten im Tal, zwischen den zwei Bergen, gab es ein Wirtshaus, und dort, in der Talsohle, befand sich ein betonierter Bunker für die Bewohner beider Berge. Sobald der Kuckuck schrie, also schon eine ganze Weile vor dem Angriff, rannten wir da runter. Wenn man den Kuckuck überhörte, war es bereits zu spät. Dann legten sich die Menschen in ihren Kleingartenanlagen mit dem Bauch platt auf die Erde, während wir uns in unserem mickrigen Häuschen in den Keller flüchteten. Bei einem Fliegeralarm jedoch schaffte ich auch das nicht mehr, weil ich mich von der Hand der Mutter losgerissen hatte und weggelaufen war. Und so sah ich eine amerikanische Maschine, die im Gleitflug tief über das Haus kam. Die Gesichtszüge des entsetzten Piloten könnte ich noch heute beschreiben. Das Flugzeug brannte nämlich, ich dachte, das reißt jetzt das ganze Haus weg, aber es glitt über das Haus hinweg und wenige Sekunden später explodierte es in einem Steinbruch am gegenüberliegenden Hang. Später erzählte mir meine Mutter, dass sich tatsächlich einige Ziegel von unserem Dach gelöst hatten, und sie dachte, um mich sei es definitiv geschehen. Später fragte ich mich, was dieser Zwischenfall auf Dauer für mich bedeutete. Aber ich kann nur sagen, dass ich eigentlich kein sehr ängstlicher Mensch bin."

Im April 1945, nach der Befreiung, sind der Wahnsinn, der Schrecken, die Verzweiflung, das Grauen und der sinnlose Tod des Krieges noch längst nicht vorbei. Für viele werden vor allem die Nachkriegsjahre zu einer Zeit unmittelbarster Not, des Mangels und Hungers. Eine Zeit, die den Umgang mit Nahrungsmitteln auf Jahrzehnte hinaus prägt.

Unter der Aufsicht der Alliierten Kommandantur ist Wien in vier Sektoren unterteilt worden: in eine amerikanische, eine französische, eine britische und eine sowjetische. Zu dieser Zeit sind 180 000 sowjetische, 75 000 britische, 70 000 amerikanische und 40 000 französische Soldaten auf österreichischem Boden stationiert, im ganzen Land geht die Angst vor den fremden Besatzungstruppen um.

Hütteldorf und der Wolfersberg, Erwin Böhms Wohnort, liegen in der sowjetischen Besatzungszone, wo die momentane Befindlichkeit gelegentlich zu wehmütiger NS-Nostalgie führt, wie die Aussage eines Zeitgenossen belegt: „Unterm Hitler hat's nicht viel gegeben, aber es war alles geregelt.

Wir haben nicht viel gehabt, aber das haben wir alle gehabt. Richtig schlimm ist es erst geworden, wie die Russen gekommen sind." Von ihnen werden fürchterliche Gräueltaten berichtet, die Frauen haben Angst vor Vergewaltigungen.

Erwin Böhm hingegen erlebt ein anderes, menschlicheres „Russenbild". In ihrer traditionellen Mentalität sei eine große Liebe zu Kindern verankert, eine gutmütig-naive und geduldige Natur und eine damit verbundene große Hilfsbereitschaft. Eigenschaften, die der Knabe bald am eigenen Leib erfahren wird. Zwar wächst er im russischen Sektor auf, doch auf der anderen Seite des Berges beginnt bereits der amerikanische Bezirk, der so genannte „reiche Westen", der den Menschen im Vergleich zum sowjetisch besetzten Osten wie ein kleines Schlaraffenland vorkommen muss. Hier, im Westen, befindet sich der Vorkindergarten, wo der Fünfjährige etwas Warmes zu essen bekommt. Vor allem gibt's Kakao: „Ich bin hin, hab' den Kakao gesoffen und bin anschließend gleich wieder weg."

Als der Krieg zu Ende ist, beginnt für den fünfjährigen Erwin Böhm ein Leben in Freiheit und relativer Unbekümmertheit. „Die Flakanlagen, die Bunker mit dem explosiven Material, das alles war ja noch nicht weggeräumt worden. Dort spielten wir dann, kurbelten an diesen Dingern herum, hantierten mit den rumliegenden Bomben – und unsere brutalen, grausamen Spiele waren Ausdruck des Zeitgeistphänomens. Unser ‚Abenteuerspielplatz' kam aus der Realität, aber uns war nicht bewusst, dass das ganze Zeug in die Luft fliegen könnte. Unsere Eltern wollten uns zwar daran hindern, dorthin zu gehen, aber alle Kinder vom Wolfersberg sind aufgewachsen wie Kraut und Rüben, lauter Vagabunden, alles Kriegskinder eben, die keinerlei Erziehung im üblichen Sinne genossen, die meist ohne irgend welche Aufsicht waren.

Und wenn wir spielten, dann gingen wir nicht als Indianer und Trapper aufeinander los, sondern lieferten uns heftige Schlachten, bewarfen uns mit Steinen, so dass wohl jeder von uns etliche Male genäht werden musste. Doch wenn du in harten Zeiten geboren wirst, dann sind auch deine Spiele alles andere als harmlos. Darum lehne ich bis heute auch dieses Basteln und den ganzen Quatsch ab, weil das für mich bloß Kasperletheater ist. Was nichts mit meinem Charakter zu tun hat, sondern mit meiner Prägung."

Nur wenige Kinder wachsen im bürgerlich-traditionellen Sinne in behüteten Familien auf. Die anderen erleben eine Kindheit zwischen Ruinen und Kriegsresten und sind ständigen Unfallgefahren ausgesetzt, weniger durch den damals noch unbedeutenden Straßenverkehr als vielmehr aufgrund der überall herumliegenden Munition, den Panzerfäusten, den im Boden steckenden Artillerieblindgängern, den zahlreichen Bombentrichtern, Flüssen und Teichen, in denen sich weggeworfene Infanterieausrüstung und -waffen finden. Zudem lernen die Gassenbuben rasch, wie sie mit Geschick und ein paar Tricks an Essbares oder an ein wenig Geld kommen können. Betteln gilt als Kindersport, an dem sich auch Erwin Böhm beteiligt.

Er erzählt, wie er sich mit einem Freund an die Endstation der Stadtbahn in Hütteldorf stellt, ein weinerliches Gesicht mimt und den ankommenden Passagieren erzählt, ihm fehle das Geld für die Rückfahrt und seine Mama würde ihn bestimmt schon sehr vermissen. Nicht wenige, vor allem Frauen natürlich, lassen sich von dieser herzzerreißenden Geschichte erweichen und stecken dem Buben ein paar Groschen zu, die dieser dann stolz zu Hause präsentiert.

Was aber nicht verhindert, dass Erwins Vater dem Sohn zu verstehen gibt, was er von ihm hält. Nämlich nicht viel. „Als ich so zwischen fünf und sieben war, teilte der Vater mir immer wieder mit, dass ich ein relativ dummes Kind sei, das weder imstande sei zu studieren noch etwas Besonderes zu lernen. Ich solle mich folglich auf ein schlichtes Arbeiterleben vorbereiten, mehr als ein proletarisches Dasein sei leider nicht drin. So wurde ich erzogen. Mit der Behauptung, ich sei zum Denken zu blöd, habe aber zumindest zwei gesunde Hände. Was dazu führte, dass ich in den ersten drei Volksschuljahren ein äußerst schlechter und uninteressierter Schüler war und dem Lernen keine Lust abgewinnen konnte."

Hingegen ist der Junge von Anton, dem Großvater mütterlicherseits, „fasziniert". Dieser lebt in Atzgersdorf, am anderen Ende von Wien, wohin der Siebenjährige allein mit der Straßenbahn fährt und zu dem er nach der Ankunft an der letzten Haltestelle eine weitere Stunde zu Fuß gehen muss. Opa Anton ist Pferdefuhrwerksbesitzer und transportiert Bier. „Ein furchtbar kleiner Mann, den ich dafür bewundert habe, wie er mit seinen Rössern, diesen so großen Tieren, umging." Zudem ist der Opa der gegenteiligen Meinung von Erwins Vater. Er hält den Jungen für ein hochintelligentes Kind, gibt ihm Bier zu trinken und lässt ihn vorne bei sich auf dem Kutschbock sitzen: „Meine erste Chauffeurstätigkeit." Weniger beliebt ist die Großmutter, „eine furchtbar lange Frau, die zu den Kleinen immer böse war. Und seither hasse ich natürlich alle langen, dünnen Weiber."

Im ersten schweren Nachkriegswinter 1945 sind Österreichs hungernde Kinder die ersten, für deren Rettung im Ausland geworben wird. Zahlreiche Frauen sind mit ihren Schützlingen auf sich allein gestellt, da die Väter erst später aus den Lagern und Gefängnissen oder nie mehr von den Schlachtfeldern zurückkommen. Die ersten Spenden stammen aus der Schweiz, wohin beispielsweise Vorarlberger Schulkinder tageweise zum Sattessen eingeladen werden. Anschließend treffen Care-Pakete aus Schweden und den USA ein. Doch auch 1947 noch gilt jedes zweite Wiener Schulkind als unterernährt, mehr als ein Drittel der Kinder ist sogar hochgradig unterernährt. Aufgrund des ständigen Mangels an Frischgemüse und Obst werden arge gesundheitliche Schäden befürchtet. Eine ganz besondere Form der Unterstützung genießen jene Kinder, die häufig monatelang, oft für ein halbes Jahr ins hilfsbereite Ausland geschickt werden, um dort wieder aufgepäppelt zu werden. Vor allem die Schweiz, Dänemark, Belgien, Spanien, Portugal und Schweden nehmen halb verhungerte österreichische Kinder in Gastfamilien und Kinderlagern auf.

Im Land selbst besteht bei der Ernährungslage ein erhebliches West-Ost-Gefälle, das einerseits mit den Besatzungszonen, andererseits mit der österreichischen Agrarstruktur zu tun hat. So kommt es, dass auch innerhalb des Landes so genannte Verschickungsaktionen durchgeführt werden. Die Hilfsorganisation Caritas etwa vermittelt Wiener Kinder zum Erholungsurlaub aufs Land.

Im Rahmen einer solchen Aktion kommt Erwin Böhm im Sommer 1946 zu Pflegeeltern nach Salzburg, „in eine sehr katholisch orientierte Familie, in dem nach dem Motto gehandelt wurde: Wer nicht arbeitet, bekommt auch nichts zu fressen!“ Eine Episode, die Böhm nicht in bester Erinnerung geblieben ist und bis heute Folgen zeitigt. Der Sechsjährige muss barfuß auf dem Feld mitarbeiten, Heu zusammenrechen, es auf den Wagen heben, was nicht funktioniert, weil der Bub schlichtweg zu klein ist. Wenn gegessen wird, bedient sich zunächst die Familie selbst, und was übrig bleibt, bekommt das Pflegekind. "Aber meist blieb nichts übrig, obwohl die Geld für meine Verpflegung bekamen. Dafür wurde stets feierlich das Tischgebet gesprochen: Herr, segne diese Gaben und so weiter. Damit verging mir der Glaube an das herrgottlich Karitative sehr rasch, zudem entwickelte ich mein ganz persönliches Konkurrenzdenken zwischen Wien und Salzburg.“

Hinzu kommt, dass in dieser Familie zwei Brüder leben, die zwei, drei Jahre älter sind als das Gastkind. „Mit denen musste ich immer Mühle spielen, und wer verlor, kriegte eine Ohrfeige. Nach jedem Spiel haben die mich also verdroschen. Daher meine Allergie gegen jede Art von Spiel. Weil ich immer noch Angst habe, als Verlierer Schläge verabreicht zu bekommen. Also spiele ich weder Karten noch Mühle noch Schach oder sonst was. Aber nicht aus Angst vor dem Verlieren, sondern vor dem Geschlagenwerden."

Die erste Nachkriegszeit prägt nicht nur Böhms Gefühle, sondern beispielsweise auch seine Vorliebe für die Farbe Blau. Später, als Erwachsener, ist er in höchst auffälliger Weise zu dieser Farbe hingezogen. Er kauft alles, vom Hemd über den Pullover bis zum Auto, in dieser Farbe, raucht am liebsten Zigaretten, die in blauen Schachteln stecken – und weiß jahrelang nicht, woher diese Fixierung kommt. Erst im Alter, „mit zunehmender Demenz, wenn du an emotionaler Intelligenz gewinnst, was du an Rationalität verlierst", wie Böhm heute sagt, treten deren Ursprünge erneut an die Oberfläche. „Es war im Juni 1946, als mein Vater vom ersten Schweizer Hilfszug, der nach Wien kam, eine Tafel Schokolade auftrieb, die in einer blauen Verpackung steckte. Ich legte die Tafel unter einen Tannenbaum, der vor unserem Gartenfenster stand. Seither verbinde ich den Monat Juni und einen ungeschmückten Tannenbaum mit Weihnachten, ja, eine Tafel Schokolade ist für einen Liebhaber von Süßigkeiten wie mich der Inbegriff des Orgasmus. Das geht so weit, dass ich für mein Leben gern Schokolade esse, und zwar mit unheimlicher Eile und Lust, und alle Schweizer super finde. Heute kann ich diese Dinge rational verstehen, doch ich kann mich nicht dagegen wehren."

In diese Zeit fällt auch die Geschichte, auf die weitere gastronomische Vorlieben Erwin Böhms zurückzuführen sind. Sie handelt von dem etwa Siebenjährigen, der auf seinem täglichen, 45 Minuten langen Schulweg an einer sowjetischen Kaserne an der Hauptstraße von Hütteldorf nach Wien vorbeikommt. Aus Angst vor den Russen und all den Schauergeschichten, die über sie erzählt werden – beispielsweise, dass sie Kinder nach Sibirien verschleppen –, trichtert die Mutter ihrem Sohn immer wieder ein, dieses Gebäude zu meiden und beim Vorbeigehen die Straßenseite zu wechseln. Doch dieses Verbot, in vielen Fällen eine Nachwirkung der indoktrinierenden NS-Propaganda gegen die Feindmächte („Jeder Schuss ein Russ!"), weckt erst recht die Neugierde des Knaben: „Eigentlich hat mich das gereizt, was die Mutter da sagte. Sibirien war für mich faszinierend weit weg, eigentlich wollte ich genau dorthin."

Folglich sucht Erwin förmlich die Nähe der vermeintlichen Feinde. Eines Tages steht er vor einem der vergitterten Fenster, hinter dem sich die Küche befindet und wo einer der Soldaten gerade mit den Essensvorbereitungen beschäftigt ist. Zur Überraschung des kleinen Erwin reicht der Koch ihm eine Hackfleischbulette nach draußen, „das erste Fleischlaberl meines Lebens, und das beste, das ich je gegessen habe". Er verschlingt das Geschenk „mit Freude und Glückseligkeit" und fühlt sich zum ersten Mal in seinem Leben richtig satt. „Ich habe diesen Russen heiß geliebt und mich gefragt, warum er mich nicht nach Sibirien verschleppt. Noch heute kann ich beschreiben, wie dieses Öl gerochen hat, und vertrage es nicht, wenn man altes Öl entsorgt. Ja, dieses alte Öl, wie man es etwa an Frittenbuden riecht, das ist für mich etwas ganz Wunderbares ..."

Seither sind Fleischlaberln (Buletten oder Frikadellen) nicht nur eine der Lieblingsspeisen Böhms, sondern auch das russische Volk ist für ihn, im Gegensatz zu den meisten seiner Zeitgenossen, nicht mit negativen Vorurteilen besetzt.

Zwei Anekdoten, die Erwin Böhm bei seinen Vorträgen und Kursen immer wieder zum Besten gibt. Zusätzlich zu ihrem Unterhaltungswert machen sie den Zuhörern nämlich deutlich, inwiefern Rückgriffe auf lange zurückliegende Ereignisse im Leben der Patienten den Zugang des Pflegepersonals erleichtern oder gar erst ermöglichen (Reaktivierung): „Wenn ich deppert bin, muss dem Pfleger etwas einfallen, was mit meinem derzeitigen Erreichbarkeitsstatus zusammenhängt, um mich aktiv zu halten oder wieder aktiv zu machen. In meinem Fall wäre das also die Bulette. Bin ich gehbehindert, so muss mir ein Fleischlaberl hingelegt werden, damit ich mich erhebe und hingehe. Dabei geht es im Grunde gar nicht um das Essen, sondern um den Geruch, der Daheim bedeutet, Identität stiftet, der hilft, dass man sich zurechtfindet. Bin ich noch depperter, so hilft allerdings auch das Fleischlaberl nicht mehr, das mich als Siebenjähriger prägte, sondern nur noch die blaue Tafel Schweizer Schokolade, die ich geschenkt bekam, als ich sechs Jahre alt war."

Allmählich erholen sich die Menschen von den Strapazen der Kriegszeit und der ersten Nachkriegsjahre. Nach und nach werden die Trümmer beseitigt, neue Bedürfnisse geweckt. Nach der Stunde Null, dem Aufbruch und Neubeginn, kündigt sich, nachdem die Jahre der Entbehrung vorbei sind, langsam die Zeit der Wirtschaftswunder und aufkeimenden Leistungsgesellschaft an.

1946 tritt Erwin Böhm in die Volksschule von Hütteldorf ein, die er bis 1950 besucht. Von 1951 bis 1955 ist er Schüler an der Hauptschule in der Wiener Reindlgasse. Das Lernen macht ihm, wie gesagt, nicht wirklich Freude. Im Alter zwischen sechs und zwölf (Interaktionsstufe 3) lernt er die ersten sozialen Grundbedürfnisse und Frustrationen kennen. Auf Wunsch des Vaters beispielsweise muss der Junge, der wegen seiner Fettleibigkeit von seinen Mitschülern gehänselt wird, statt einer Kappe einen Hut tragen. „Und darum setze ich auch heute, obwohl ich kaum noch Haare habe und häufig verkühlt bin, keinen Hut auf. Weil ich damals komisch mit diesem Hut aussah und ihn von den berüchtigten Blatenbrüdern aus der Beckmanngasse, einer, wie man heute sagen würde, Jugendbande, stets über die Ohren gezogen bekam. Wegen des Hutes hielten die mich für ein Kind aus bürgerlichen Kreisen und verlangten eine Art Schutzgeld von mir. Und so wurde ich einmal mehr verprügelt, weil ich selbstverständlich kein Geld in der Tasche hatte, im Gegenteil. Ich zählte zu den armen Kindern, die in der Schule ein so genanntes Ruderleibchen trugen, das, was man heute T-Shirt nennt. Deswegen schämte ich mich, und aus diesem Grund trage ich auch heute immer nur Hemden, nie T-Shirts, denn T-Shirts hasse ich."

Wie überhaupt die Beziehung zum Vater stets eine janusköpfige ist. Einerseits liebt und genießt der Sohn die gemeinsamen Wanderungen, Klettertouren und Ausflüge. Andererseits schämt er sich für den Vater, der bei diesen Ausflügen und Wirtshausbesuchen ständig mit jungen Frauen flirtet, „genauso, wie mein Sohn sich heute wegen seines alten Herrn geniert, der in der Öffentlichkeit immerzu Weiber anhaut".

Das Leben in der Gruppe Gleichaltriger lernt der Junge über seine Mitgliedschaft bei den „Roten Falken" kennen. Hier praktiziert er den Umgang mit Menschen im gewöhnlichen Alltag. Hier macht er sich neue Freunde, mit denen er zum Beispiel in den noch bestehenden Bombenruinen Aluminiumdrähte ausfädelt und diese anschließend an Altwarenhändler verkauft. Eine gute Lehre, „denn so erfuhr ich, dass man nur fett wird von dem, was man selber macht".

Namen, Daten, Orte? Muss alles noch auf Exaktheit überprüft werden! Auch als wir uns über Erwins Schulzeit unterhalten, überwiegen bei seinen Erinnerungen die persönlichen Episoden vor einem gesellschaftlichen Hintergrund, über den der Befragte aus verständlichen Gründen nur vage Angaben machen kann. Entsprechende Informationen muss sich der Schreiber aus anderen Quellen besorgen und sie mit Böhms Entwicklung in Verbindung zu setzen versuchen. Später jedoch, beim Besuch in Breitenau, wird er in alten Schuhschachteln wühlen und ein paar Fotoalben aufschlagen, in denen Bilder aus jener Zeit zu finden sind. Dokumente einer offenbar glücklichen Kindheit, an den Rändern zerfledderte Schwarzweiß-Aufnahmen aus der freien Natur, auf denen der Sechs- bis Achtjährige fast immer im Mittelpunkt steht und von Scharen von Mädchen umgeben ist, die ihn anhimmeln, zu ihm hinauf schauen, sogar seinen Schulranzen für ihn tragen. Auf einem dieser Fotos ist auch sein damaliger Freund Richard zu sehen. Allerdings hockt Richard am äußersten Rand der Aufnahme, so als wolle er sich davonstehlen, während Erwin, wie so häufig in kurzer Hose und mit nacktem Oberkörper, in der Mitte des Bildes thront und sich von ebenfalls halbnackten Mädels umschwirren lässt.

Einstweilen halte ich mich an das, was von mir aufgezeichnet wurde, sowie an die Blätter, auf denen Erwin Böhm in chronologischer Abfolge und stichwortartig einige bezeichnende Episoden zusammengestellt hat. Diese Blätter sind in zwei Spalten unterteilt: Links stehen Ausdrücke wie Urkommunikation und Geburtstrauma, niedere/höhere Triebe und Prägungen; in der rechten Spalte sind die daraus abzuleitenden Folgen und Konsequenzen zusammengefasst. Später, zu einem geeigneteren Zeitpunkt, werde ich Erwin Böhm nach der genauen Bedeutung dieser Begriffe fragen.

Ende der Kindheit

Seine erste Zigarette raucht Erwin Böhm mit zwölf. In diesem Alter etwa beginnt, nach Böhms späterem psychobiografischem Pflegemodell, die Interaktionsstufe 1-2, die durch Begriffe wie Sozialisation und Mutterwitz charakterisiert ist. Im Hintergrund läuft Radio Luxemburg, „für mich der einzige Sender, der moderne Musik spielte". An den Namen Camillo Felgen, einer der damals populärsten Moderatoren von RTL, kann Böhm sich bis heute erinnern. Im krassen Gegensatz zum Rock'n'roll, der in den frühen 1950er Jahren von Luxemburg aus nach ganz Europa ausgestrahlt wird, steht freilich die Musik, die in der Familie Böhm einen wichtigen Platz einnimmt. In dieser Zeit treten Mathias, der Vater, und Leopold, dessen erstgeborener Sohn, mit Heurigenliedern nebenberuflich in Wiener Gaststätten auf, die ein so genanntes Maria-Theresien-Patent besitzen, das zum Verkauf von selbst produziertem Wein ermächtigt. „Hier gab es die echte Wiener Musik. Und weil ich meinem Vater und meinem Bruder nacheifern wollte, lernte ich zahlreiche Wiener Lieder, die ich auch heute noch beherrsche."

In Gumpendorf drunt, auf dem Eck Nummro zwa,
steht ein dreistöckiges Haus und des gehört dem Papa.
Im Zimmer da drin steht a Kassa alan,
und den Schlüssel dazua, ja, den hat die Mama.
Drum fehlt uns as ganze Jahr niemals a Geld,
und um des zu verputzen, san mir auf der Welt.
Denn unser Votta war a Hausherr und a Seidenfabrikant!
Denn unser Votta war a Hausherr und a Seidenfabrikant!

Die „Singerei" öffnet Erwin Böhm auch später manche Tür. „Als ich älter wurde, hatte ich immer wieder mit älteren Herren, meinen diversen Chefs, zu tun, die ganz entzückt waren, dass ich das konnte. So sang ich auf Betriebsfesten, wo stets auch gern gesoffen wurde, und ich wurde alleweil von alten Herren gesponsert, und irgendwie war ich mein Leben lang altmännerfixiert. Das Singen, mein Wiener Schmäh, hat mir folglich auch häufig beruflich weitergeholfen. Nicht nur bei den alten Weibern, denen ich ständig Wiener Lieder vorsingen musste."

Die Beziehung zur Mutter ist in dieser Zeit von großer Nähe gekennzeichnet. Ihr Witz und ihr Humor prägen den Heranwachsenden nachhaltig.

Derweil ist das Verhältnis zum wesentlich älteren Vater nicht frei von Spannungen. Obwohl Erwin rückblickend nicht ohne Achtung vom Vater spricht und ihn „für den ehrlichsten Menschen hält, den es gibt“, scheint eine unmittelbare und starke emotionale Beziehung zwischen den beiden nicht vorhanden gewesen zu sein. Zwar gibt es diese geteilte Vorliebe für die Musik und das Singen sowie für die in der Freizeit gemeinsam unternommenen Wander- und Klettertouren. Doch gleichzeitig entgeht dem Jungen nicht, dass der Vater ihm intellektuelle Fähigkeiten fast gänzlich abspricht. Zudem hat er seinem Sohn schon früh zu verstehen gegeben, dass er als alles andere denn als Wunschkind geboren wurde. „Als ich sechs oder sieben war, sagte er zu mir, dass ich eigentlich hätte abgetrieben werden sollen, aber wenn ich nun schon da sei, würde er mir auch alles geben, was ich zum Leben benötige.“ Sätze, die Böhm heute manchmal wie ein ehrlicherer Ausdruck von Zuneigung und Liebe vorkommen als das Verhalten der Mutter, die, „weil sie ein schlechtes Gewissen hatte, die beste aller Mütter sein wollte, mir die Schokolade förmlich in den Hintern geblasen und mir tausendmal gesagt hat, wie gern sie mich hat – was ich ihr aber eigentlich nie abnahm“.

Aufgrund seiner fehlenden Eignung zum Studieren soll Erwin nach dem Abgang von der Schule auch beruflich in die Fußstapfen des Vaters treten. Zu jener Zeit ist Mathias Böhm als Autokarosseur in der Firma Saurer in Wien tätig, einem Schweizer Unternehmen, das Lastwagen und Autobusse produziert. Ebendort soll der Vierzehnjährige 1954 eine Lehre als Autospengler beginnen, mit dem väterlichen Hintergedanken, dass dem Sohn ein gesichertes Einkommen garantiert sei und er später für seine Eltern sorgen könne, denn „mein Vater hatte wahnsinnige Angst, eines Tages zu verhungern“.

Doch noch ist es nicht so weit. In der Zwischenzeit, um 1950, hat die Familie das Haus am Wolfersberg vermietet und ist in die Gurgasse im 14. Wiener Bezirk umgezogen. Hier kommt es zu ersten, noch weitgehend unschuldigen Kontakten mit dem anderen Geschlecht und zu ersten Anläufen hinsichtlich Erwin Böhms späterer beruflicher Aktivitäten. „Wir wussten zwar noch nicht, was man mit den Mädchen anstellen soll, aber wir spürten, dass man sich irgendwie an sie ranmachen muss. Mein Freund Richard war in dieser Hinsicht erfahrener als ich. Um mir zu helfen, trafen wir eine Abmachung: Er sollte ein Mädchen auftreiben und es dann sitzen lassen, und um die Sitzengelassene sollte ich mich anschließend kümmern. So kam ich zu meiner ersten pflegerischen Rolle: zu der des Jungfrauentröstens.“

Um den Umgang mit „den Mädels“ ernsthaft zu erlernen, schaut sich der Pubertierende die für die damalige Zeit typischen Heimatfilme an. „Doch darin ging es äußerst galant, charmant und zurückhaltend zu. Umso erschrockener war ich, als ich dann Erika kennen lernte, einen blonden Engel, den ich angehimmelt hab'. Eines Tages, als ich mit Erika auf dem Berg Himmelhof spazieren ging, fragte sie mich plötzlich: ‚Na, willst du jetzt reden oder mit mir vögeln?‘ Daher also meine Angst vor blonden Frauen mit Engelsgesicht! Doch zumindest lehrte mich Erika, dass ich mich mit den Heimatfilmen nicht begnügen durfte. Folglich holte ich mir das nötige Grundwissen aus Pornoheften. Dort erfuhr ich, dass die Frauen beim Sex zwicken, beißen und drei Orgasmen hintereinander haben müssen, was aber auch nicht meinen Erfahrungen im Umgang mit ihnen entsprach.“

Mit vierzehn Jahren beginnt Böhm also seine Lehre als Autospengler, mit dem eigenen Vater als Praxisanleiter. Das führt zu neuen Konflikten, da der Sohn nur wenig Interesse an dieser handwerklichen Tätigkeit zeigt und es in der Werkhalle einmal zu einer handgreiflichen Auseinandersetzung zwischen den beiden kommt. Doch man einigt sich auf einen Kompromiss. Böhm erinnert sich: „Ich sagte zu meinem Vater: ‚Gut, ich lern' Autospengler, damit du nicht verhungerst, doch an dem Tag, an dem ich meinen Gesellenbrief in der Tasche hab, danke ich ab.‘“

Zwischen September 1954 und August 1957 besucht Erwin Böhm die Berufsschule in der Mollardgasse. In dieser Zeit wird auch seine, wie er es selbst nennt, „Sexualbiografie“ um entscheidende Kapitel ergänzt. Mit seinen ersten Freundinnen macht er wiederholt die Erfahrung, dass sie sich ganz anders verhalten, als in den Pornoheften beschrieben. „Das führte bei mir zu einer geradezu pathologischen Angst, mit meinem *Beidel* (Penis) stimme irgendetwas nicht. Zum Glück gab es gegenüber vom Atelier eine Art Hurenareal, und dort ging ich nach dem Unterricht hin. Zu Maria, der ich zu verstehen gab, dass es mir nicht ums Bumsen ging, sondern ums Messen der Größe. Woraufhin sie erst einmal lachte, was für die Symptome, an denen ich damals litt, nicht sehr positiv war. Schließlich gingen wir dann doch miteinander ins Bett und standen mehrere Stunden lang nicht mehr auf. Als ich das Zimmer am Ende wieder verließ, hatte ich eine Riesenstrieme auf dem Rücken, aber mein Heilungsprozess hatte begonnen, nachdem Maria zu mir gesagt hatte: ‚Waßt Bua, mit dia is oas in Ordnung!‘“

Mit 18 setzt Erwin Böhm seine erotische Ausbildung in der „Welthauptstadt der Liebe“ fort. Er fährt mit einem Freund nach Paris, um dort das Gelernte in der Praxis zu erproben. Das Motorrad ist zusätzlich zu den beiden Passagieren mit einem Zelt beladen, das sie irgendwo am Ufer der Seine aufschlagen. Während Erwin sich in den einschlägigen Etablissements herumtreibt, bleibt der Freund im Zelt hocken: „Der hat sich einfach nicht getraut!" Erwins Unersättlichkeit aber führt dazu, dass sie plötzlich kein Geld mehr haben, um Benzin für die Heimfahrt nach Wien zu kaufen. Also rufen sie zu Hause an, damit die Mutter so schnell wie möglich Geld nach Paris schickt, was diese tatsächlich tut, damit die beiden aus ihrem „Trainingslager" wieder heimkehren können.

1957 schließt Erwin Böhm seine berufliche Lehrzeit mit dem Erhalt des Gesellenbriefs ab, in der Absicht, umgehend zu einer anderen beruflichen Tätigkeit überzuwechseln. Sein sehnlichster Wunsch ist es, Operettensänger zu werden oder, falls das nicht klappen sollte, zumindest Schauspieler oder Chirurg. Tatsächlich nimmt er, sehr zum Missfallen des Vaters, bald darauf ersten Gesangs- und Schauspielunterricht an einem bekannten Theaterseminar in Wien, der Musikstadt schlechthin. Der Beginn einer viel versprechenden Bühnenkarriere?

Blaues Gesicht

Das Einberufungsschreiben zum österreichischen Bundesheer macht Erwin Böhm einen Strich durch seine künstlerischen Ambitionen. „Gut", sagt er sich, „dann geh' ich halt zum Militär, aber anschließend studiere ich."

Schon vorausblickend hat er sich Gedanken über die anstehende Zeit beim Bundesheer gemacht: „Die Vorstellung, dorthin zu müssen, hat mich allerdings nie frustriert. Ich verspürte keine Angst, beim Militär geschliffen zu werden, weil wir es als Kinder und Jugendliche, die in der Kriegs- und Nachkriegszeit aufwuchsen, schon gewöhnt waren, nichts und niemanden zu schonen. Allerdings lehnte ich eine militärische Karriere, das wirkliche Kämpfen und Schießen, von Anfang an kategorisch ab. Das war mir ein Gräuel. Wenn ich daran dachte, fiel mir immer wieder das entsetzte Gesicht des amerikanischen Piloten ein, der in seinem brennenden Flugzeug über unser Haus hinweggefegt war ..."

Da in der Armee weder Sänger noch Schauspieler gebraucht werden, meldet Böhm sich zum Sanitätsdienst in der Hoffnung, in dieser Funktion seinem alternativen Berufswunsch, Chirurg zu werden, am nächsten zu kommen. Am 1. Oktober 1957 beginnt er seinen Präsenzdienst in Wien-Stammersdorf. Mit der Zeit steigt er, auch ohne adäquate Ausbildung, zum Zugführer auf, „was normalerweise ohne Chargenkurs, wie das damals hieß, gar nicht möglich ist". Irgendwann jedoch stellt sich heraus, dass er, der sich als „der unmilitärischste Mensch aller Zeiten" beschreibt, eigentlich nicht beim Heer bleiben möchte. Eine leichte Knieblessur, die er sich noch vor der Militärzeit bei einem Motorradunfall zugezogen hat, gibt er als schwere Verletzung aus. Da man dem Simulanten auf die Schliche kommt, wird er zur Strafe nach Hainburg in Niederösterreich, „ins letzte Eck Österreichs", versetzt. Auch hier, kurz vor der tschechischen Grenze, gibt es einen Berg, den Braunsberg: „Und so wurde auch Hainburg zu einem biografischen Zentrum für mich."

In einer kaputten ehemaligen Kaserne ist Erwin Böhm, der überall nur rote Kreuze sieht und keine adäquate Ausbildung vorweisen kann, als „Nobelsanitäter" nun plötzlich für die medizinische Betreuung der Soldaten zuständig. Da er davon aber eigentlich keine Ahnung hat, muss er mit seinen Patienten immer wieder den praktischen Arzt in Hainburg, Dr. Horbelt, aufsuchen, damit dieser ihm sagt, was zu tun ist.

Mit Dr. Horbelt tritt, wie schon so oft und auch später immer wieder, ein älterer Herr in Böhms Leben. Da er Erwin sympathisch ist und dieser sich ohnehin in der Kaserne langweilt, fragt er, ob er nicht in der Hainburger Ordination aushelfen könne. Die Antwort fällt positiv aus. Von nun an ist Böhm jeden Abend in der Arztpraxis tätig.

Doch Dr. Horbelt verfügt über ein zusätzliches Plus: Er hat eine bildhübsche, groß gewachsene, rothaarige Tochter namens Inge und diese eine nicht weniger attraktive Freundin, die Tochter eines Konditoreibesitzers. „Beide gefielen mir sehr, und ich war lange Zeit im Zweifel. Bis Dr. Horbelt eines Tages zu mir sagte: ‚Wenn du die Inge heiratest, zahl' ich dir alles: die Matura, das Studium und die anschließende Ausbildung.' Ich hatte einen Tag Bedenkzeit, und nach diesem Tag trat ich vor ihn und sagte: ‚Ich mach's umgekehrt. Ich lass' die Inge stehen, denn es kommt für mich nicht in Frage, mich von stinkreichen Leuten aushalten zu lassen.' Das akzeptierte ihr Vater, doch gleichzeitig meinte er: ‚Gut, dann studierst du eben nicht, aber mit deinen Händen hast du in der Medizin zu bleiben. Sobald du abrüstest, bring' ich dich zu Dr. Jochum, einem Freund von mir, nach Wien.'"

Was dann auch tatsächlich geschieht. Am Tag nach dem Ende seiner Bundesheerzeit fährt Dr. Horbelt Erwin Böhm in seinem Mercedes in ein Wiener Krankenhaus, „und auf einmal war ich scheinbar Pfleger. Daran war die Inge Schuld. Vielleicht hätte ich doch die Zuckerbäckerin heiraten sollen."

Doch wir greifen vor. Noch einige Beispiele aus der Militärzeit:

„In Hainburg hab ich mich plötzlich so heilend gesehen. Und mich deppert verdient. Hier gab es nämlich drei Huren, die alle drei den Tripper hatten, und alle 14 Tage wurden die Soldaten, die zu Schießübungen hierher kamen, ausgewechselt. Da gab es also viel zu tun. Eigentlich hätte ich die Frauen anzeigen müssen, wegen Wehrmachtsschädigung. Aber schließlich haben sich auch Unteroffiziere bei ihnen den Tripper geholt und kamen dann tröpfelnd zu mir. Ich war auf der Sanitätsstation der absolute Chef, genoss Narrenfreiheit, die so groß war, dass ich, wenn ich Lust hatte, mit dem Rettungswagen bei eingeschaltetem Blaulicht nach Wien ins Kino fahren konnte."

Eine andere Story handelt von Soldaten, die Wasser aus einem Brunnen tranken und Durchfall bekamen. „Ich hatte zwar keine Ahnung, wie man Durchfall behandelt, doch ich sagte: ‚Alle Soldaten zu mir ins Lazarett, damit ich sie pflegen kann.‘ Da fiel mir ein altes Hausrezept meiner Mutter ein: Tee trinken und Griesbrei. Also lief ich runter in die Küche und verlangte nach Gries. In dem Kasten, in dem normalerweise die Spritzen sterilisiert wurden, hab ich also Griesbrei gekocht. Doch schon nach zehn Minuten begann sich das Kisterl zu verbiegen, überall rann das Zinn raus. In diesem Moment kommt Dr. Krischnitz, der Oberleutnantarzt, mit seinem ganzen Stab, um mich zu kontrollieren. Ich denk noch, Scheißnächstenliebe! Zwei Monate Bau werden das bestimmt werden, und zudem wird das Auto weg sein! Doch es kommt ganz anders. Dr. Krischnitz hält einen Vortrag à la ‚An der Front, meine Herren, spielt es keine Rolle, ob das ein Sterilisator ist oder nicht. An der Front geht es ums Überleben!‘ Und so kriegte ich meinen ersten Stern, von Dr. Krischnitz, der große Bewunderung äußerte für die Zivilcourage des Sanitätssoldaten Böhm.“

Doch nicht immer geht Böhms Engagement so glimpflich aus. In Neusiedl am See spielt die Geschichte mit dem blaugesichtigen Unteroffizier, die Böhm, wie er rückblickend feststellt, eine Menge für sein späteres Leben als Pfleger gelehrt hat. Nämlich „dass man mit Therapien mehr am Menschen anstellen kann, als gut für ihn ist“. *Nihil primum nocere* – Vor allem nicht schaden! – lautet seither seine pflegerische Devise: „Ich hab versucht, die Patienten nicht anzugreifen. Weg von der Chirurgie! Damals glaubte ich noch, den Patienten nicht schaden zu können, wenn ich mich um seine Seele kümmere. Was natürlich auch nicht stimmt. Aber zu jener Zeit hab ich das so wahrgenommen. Später wurde mir dann klar, dass man in Kursen eigentlich nicht viel lernt, sondern nur von dem, was man erlebt, durchfühlt, durchwandert.“

Ich frage nach: „Was war denn nun mit dem blaugesichtigen Unteroffizier?“ Mit einem verschmitzten Lächeln lehnt sich Böhm auf seinem Stuhl zurück und erzählt.

In der Kaserne in Neusiedl am See gab es einen außerordentlich zackigen Unteroffizier, den keiner der Soldaten mochte. Eines Tages kam er mit Halsweh auf Böhms Station. Normalerweise wurde dieses Übel mit einer Pyoktanin-Lösung behandelt, die dem Patienten mit einem Pinsel aufgetragen wurde. Diesmal jedoch schüttete der Sanitäter die dunkelblaue Flüssigkeit in einen Inhalator, und als der Unteroffizier die Inhalatorbrille wieder absetzte, war er völlig blau, im ganzen Gesicht. „Aufgrund meines medizinischen Eingreifens musste er in verschiedene Kliniken eingeliefert werden und mehrere Hauttransplantationen über sich ergehen lassen. Das war die Zeit, in der ich das Heer endgültig verlassen wollte, doch stattdessen wurde ich strafversetzt."

Fetzen

Erwin Böhm ist wieder abgereist. Diesmal war er fünf Tage in Luxemburg geblieben. Länger als sonst, wegen unseres Biografie-Projekts.

In den Tagen danach sitze ich zu Hause, höre die Aufnahmen ab und tippe das Gesprochene in den Computer. Bisher verfüge ich über nichts anderes als ein Sammelsurium von Erinnerungen, Anekdoten, Andeutungen, Namen, Ereignissen und Geschichten, die angefangen, aber nur selten zu Ende erzählt wurden. Lauter Fragmente, Fetzen, denen es an Systematik und Chronologie fehlt.

Schlagartig wird mir klar, dass das schöne theoretische Gebäude, das ich mir in meiner Naivität zurecht gezimmert hatte, längst über den Haufen geworfen ist. Auch zu einem späteren Zeitpunkt wird es wohl nie wieder aufgebaut werden können. Mein nächster Plan: Ich lasse Erwin Böhm, seinem eigenen Temperament gemäß, in seinem Leben hin und her springen, kontrolliere die Daten und Zahlen, mit denen er nach eigener Aussage „auf Kriegsfuß“ steht, anhand der „im Keller“ oder sonstwo aufbewahrten Unterlagen und bemühe mich, in einem folgenden Arbeitsschritt System in das Durcheinander zu bringen. Zudem muss eine Frageliste zusammengestellt werden, die ich irgendwann nach Breitenau schicke, in der Hoffnung, dass Erwin meine Zweifel und Verwirrung mit Hilfe seiner Frau Lore aus der Welt schaffen, fehlende Verbindungen nachträglich herstellen und alle vorhandenen Lücken mit zusätzlichen Angaben füllen kann.

In der Zwischenzeit vertiefe ich mich in Böhms Bibliografie: in die „blauen Bücher“, wie er seine Fachtitel nennt; in die populäreren Publikationen, in denen er versucht hat, sein Pflegemodell, seine Konzepte, Theorien und Erkenntnisse auf eine allgemein verständliche Weise und mit allerlei Anekdoten gespickt darzulegen. Darüber hinaus lese ich Zeitungs- und Zeitschriftenartikel über Erwin Böhm und seine Arbeit, Beiträge seiner Mitarbeiter und Texte von Autoren, die mal mehr, mal weniger kritisch über ihre ersten Kontakte mit den Theorien des Wiener Professors schreiben.

Fünf Wochen später lerne ich Maria Riedl aus Salzburg kennen, eine von Böhms ältesten Mitarbeiterinnen. Die diplomierte Krankenschwester und Böhm-Lehrerin ist nach Luxemburg gekommen, um ein RBS-Seminar zum Thema „Umsetzung des psychobiografischen Pflegemodells in der Institution“ zu leiten. Gleich zu Beginn des Kurses erzählt Frau Riedl, wie sie vor rund 15 Jahren erstmals mit Erwin Böhm in Kontakt kam: durch Zufall. „Ich hatte ‚Verwirrt nicht die Verwirrten‘ gelesen und mich sehr über das Buch geärgert. Doch ich wollte unbedingt den Mann kennen lernen, der es geschrieben hatte. Also fuhr ich nach Wien und klopfte an die Tür seines Büros. Als ich eintrat, schlug mir zunächst eine dichte Rauchwolke entgegen. Dahinter zeichnete sich ein Schatten ab, und nachdem wir die ersten Sätze miteinander gewechselt hatten, sagte er zu mir: ‚Was machst du hier überhaupt? Du hast alles, was ich nicht leiden kann!‘ Weitere Frechheiten folgten, und irgendwann war ich überzeugt, vor dem größten Scharlatan von ganz Mitteleuropa zu stehen.“

Man muss wissen, dass Böhm, der für seine verbalen Ausbrüche bis heute berüchtigt ist, zu jener Zeit im Bundesland Salzburg Auftritts- und Redeverbot hat und seine Bücher aus sämtlichen Salzburger Bibliotheken entfernt worden sind. Und man sollte nicht vergessen, welche alles andere als angenehme Kindheitserinnerungen Böhm mit Salzburg verbindet.

Dennoch finden der „Schaubudenredner“, wie sie Böhm nennt, und „die Riedl“, wie er sie später bezeichnen wird, zusammen. Weil sie zwar nicht von seiner Person, aber von seinen fachlichen Innovationen, von der so genannten Übergangspflege, der Pflegediagnose, dem Reaktivierungskonzept überzeugt ist. Weil sie seine Antworten auf Fragen teilt, die weit über die Psychiatrie hinausgehen. Und vermutlich findet auch Böhm, dass die Frau aus Salzburg bestens geeignet ist, in seinem Namen über die Betreuung alter, dementer Menschen und über deren Pfleger zu sprechen.

Seit elf Jahren arbeiten die beiden nun schon zusammen. Mal treten sie gemeinsam auf, mal verreist sie ohne ihn, um in Österreich, Deutschland und Luxemburg seine Ideen zu verbreiten.

Im Keller

Landung in Wien. Welthauptstadt der Krankheit und der geistigen Umnachtung. Metropole der Manisch-Depressiven. Berühmt für seine „schöne Leichn“ und seine fleißig frequentierten Friedhöfe. Oder, wie Hermann Bahr um die Jahrhundertwende über die Wiener schrieb: „Im Begraben, da sind sie groß. Wer verstehen will, wie der Wiener lebt, muss wissen, wie man ihn begräbt, denn sein Dasein ist innigst mit jenem Nimmersein verwoben, von dem er in unzähligen fröhlich-traurigen Liedern zu singen weiß.“ Kein Wunder, dass ebenhier die Psychoanalyse ihren Ursprung hat, über die Karl Kraus einst lästerte, sie sei „jene Geisteskrankheit, für deren Therapie sie sich hält“. Kein Wunder, dass die für ihren Hang zum Morbiden berühmten Künstler Helmut Qualtinger und André Heller ebenso aus Wien stammen wie Georg Kreisler, der in einem seiner bekanntesten, wehmütig schwarzen Lieder behauptet: „Der Tod, das muss ein Wiener sein, genau wie die Lieb' a Französin. Denn wer bringt dich pünktlich zur Himmelstür? Ja, da hat der Wiener das G'spür dafür. Der Tod, das muss ein Wiener sein, nur er trifft den richtigen Ton: Geh Schatzerl, geh Katzlern, was sperrst dich denn ein? Der Tod muss ein Wiener sein.“

Erwin Böhm, der Wiener, erwartet mich in der Ankunftshalle des Flughafens von Wien-Schwechat. Zuerst gehen wir ein Bier trinken, eine Zigarette rauchen. Auch in der österreichischen Hauptstadt ist es trübe und kalt. Auf dem Weg zum geparkten Auto stapfen wir durch Schneematsch und riesige Pfützen. Mein Gastgeber hat sich den vornehmen Schal aus Itzig um den Hals gewickelt. Stolz deutet er auf das ENPP-Logo, das Lore, seine Frau, mit rotem Garn hineingestickt hat.

Nach gut einstündiger Fahrt erreichen wir Breitenau, Niederösterreich, biegen in die Alte Landstraße ein, halten vor dem Haus Nummer 7 a. Es riecht nach Schnee. Der Schneeberg allerdings liegt hinter schweren Wolken verborgen. Das Garagentor öffnet sich per Fernbedienung. An der rechten Wand steht ein chromblitzendes Motorrad, eine Yamaha-Virago 600. Gelegentlich fahre er damit herum, sagt Böhm, aber nur bei schönem Wetter.

Lore hat ein Linsengericht mit Knödeln, eines der Lieblingsessen ihres Mannes, zubereitet. Nach dem Essen führt Erwin mich durch das Haus. Zuerst nach unten, in den Keller. In einem großen, hellen Raum steht eine Tischtennisplatte; auf einem Regal eine kleine Musikanlage, an den Wänden ein paar Fotos, aus Karton ausgeschnittene Figuren, eine Art Trophäe, welche die Böhms vor kurzem als Sieger eines Tanzwettbewerbs überreicht bekommen haben.

In dem schmalen, länglichen Nebenzimmer ist es düsterer. Das ist er also, „der Keller", von dem schon so oft die Rede war und auf den Erwin mich bei allen möglichen Erinnerungslücken und Gesprächshängern immer wieder vertröstet hat. Alte Schränke, durchgebogene Regale. Darauf Bücher, Dossiers, Alben, Kistchen und Kästchen, alte Schuhschachteln, Stehordner, Prospekte, zusammengerollte Plakate. Hier also ist sein Leben archiviert, zumindest sein Gedächtnis.

„Hier werden wir finden, was immer wir brauchen", behauptet Böhm, und fügt mit einem schelmischen Lächeln hinzu: „Doch manchmal werden wir lange danach suchen müssen!"

Dann steigen wir hinauf zur ersten Etage. Das obere Stockwerk ist wie ein eigenständiges Appartement eingerichtet, mit Küche, Bad, zwei Schlafzimmern. Hinter einer Tür mit Glasausschnitt befindet sich Böhms Büro. An den Wänden weitere Fotos, Diplome, Urkunden. In einer Ecke ein Schreibtisch mit Computer, Drucker und Diskettenbehälter. Schreibzeug. Zwei Stühle, Bücherschränke, Regale, helle, freundliche Farben.

Wieso eigentlich hatte ich mir sein Arbeitszimmer als eine enge, staubige, verrauchte, mit überquellenden Aschenbechern, Bücher- und Blätterstapeln vollgestopfte Klause vorgestellt? Das Gegenteil ist der Fall.

In diesem Raum werden wir in den kommenden Tagen viel Zeit verbringen. Bald wird es ernst. Doch zunächst gehen wir wieder nach unten, zu Lore, einen Kaffee trinken. Und anschließend vor das Haus, zum Rauchen. Böhm rät mir, Schuhe und Wintermantel anzuziehen, es sei kalt, bald würde es zu schneien beginnen. Er selbst geht nicht ohne Schal und Mütze nach draußen. Er weist auf den westlich von Breitenau gelegenen Schneeberg, der im Moment gar nicht zu sehen ist, schlägt vor, an einem der kommenden Tage einmal hinzufahren. Dort wurde er angeblich gezeugt, vor über sechzig Jahren.

Am späten Nachmittag nehmen wir an Böhms Arbeitstisch Platz. „Dann mal los!", sagt Erwin, als er neben mir sitzt. Auch er hat sich bereits Gedanken darüber gemacht, wie wir die Sache am besten anpacken. Er überreicht mir ein paar Blätter, die er in den Tagen und Wochen nach seinem letzten Besuch in Luxemburg zusammengestellt und am Morgen vor meiner Ankunft ausgedruckt hat: eine chronologische Auflistung, aber mit Stichworten statt mit Jahreszahlen. Auf der ersten Seite steht der Titel: „Wann wurde was geprägt mit welcher Auswirkung (Coping)?“ Darunter, als Motto sozusagen, das Zitat eines gewissen Arthur James Balfour: „Die Biografie eines Menschen sollte von einem scharfsinnigen Feind verfasst werden.“

Wir beschließen, chronologisch vorzugehen, so als könnten Zahlen die Verwirrung ordnen helfen. Vielleicht sollten wir die Böhm'schen Lebensdaten als eine Art Richtlinie betrachten, an der wir uns orientieren. Gleichzeitig sollen immer wieder direkte Querverbindungen zwischen den einzelnen Lebensabschnitten und den Entwicklungsstufen aus Böhms psychobiografischem Pflegemodell hergestellt werden, damit der Leser gleichzeitig mit der reinen Lebensbeschreibung ein Lehrbuch in die Hand bekommt. Ein reizvoller Entwurf. Aber bricht dieses Gerüst unter der überbordenden Faktenlage nicht irgendwann zusammen?

Also noch einmal ganz von vorne beginnen: Geburt, Kindheit, Jugend. Einiges aus dieser Zeit ist bereits zur Sprache gekommen. Doch nun gehen wir ins Detail. Erwin sucht die genauen Daten heraus, erinnert sich an Einzelheiten, die er in unseren ersten Gesprächsrunden vergessen hatte. Es wird ohne weiteres möglich sein, diese Angaben später in die ersten Kapitel einzubauen.

Eine knappe Stunde später: erste Zigarettenpause. Danach hat keiner von uns so richtig Lust, vor dem Abendessen noch einmal nach oben zu gehen. Also gehen wir in den Keller, greifen zu den Tischtennisschlägern. Lore und Erwin spielen regelmäßig, vor allem in der schlechten Jahreszeit, wenn sie sich nicht mit Spaziergängen und Wanderungen Bewegung verschaffen können. Mein letztes Pingpongspiel liegt so lange zurück, dass ich mich gar nicht mehr daran erinnern kann.

Mit Unter- und Überschnitt zirkelt mein Gegenüber den Ball von einer Tischecke in die andere und jagt mich erbarmungslos hinterher – fast so, wie er mich, seinen Biografen, mit immer neuen „Geschichterln“ durch sein Leben hetzt. Eine halbe Stunde später sind wir beide ziemlich außer Atem. Lore bittet zu Tisch.

„Genug für heute“, sagt Erwin.

Ich widerspreche nicht.

Unterm Dach

In der Nacht schneit es. Am nächsten Morgen sehe ich von meiner Schlafzimmerluke aus, dass die umliegende Landschaft, die Wege, Wiesen und Hausdächer wie mit feinem Zucker bepudert sind. Nur der Schneeberg bleibt nach wie vor nichts als eine Behauptung meiner Gastgeber.

Nach dem Frühstück ziehen Erwin und ich uns mit zwei Tassen und einer dampfenden Kanne Kaffee unter das Dach zurück

Wir sind bei den ausgehenden fünfziger Jahren stehen geblieben. Böhms Militärzeit neigt sich dem Ende zu. Da lernt er, noch während er beim Bundesheer engagiert ist, seine „absolute Spitzenliebe“ kennen: Edeltraud, von Beruf Schneiderin, „der Inbegriff von Frau: tüchtig, gescheit, arbeitsam“. Sie ist wie er 18 Jahre alt. Ein Jahr später, noch vor ihrer offiziellen Volljährigkeit, wird geheiratet. Erwin lässt sich einen Vorschuss auf seinen Erbanteil am Elternhaus am Wolfersberg auszahlen. Auf der anderen Seite des Berges beginnt das Paar, ein eigenes Haus zu bauen. Alles scheint bestens. Die jungen Leute sind sich für keine Arbeit zu schade und ständig auf der Suche nach lukrativen Nebenjobs. In der ersten Zeit hilft Erwin der Siedlungsgesellschaft beim Anlegen von Wegen durch das neue Wohnviertel und verdient sich so ein paar Säcke Zement für den Bau des eigenen Hauses. „Tagsüber sind wir arbeiten und abends pfuschen gegangen, damit wir uns das Baumaterial leisten konnten, mit dem wir dann am Wochenende unser Häuschen errichtet haben. Alles haben wir selbst gemacht. Noch in der Hochzeitsnacht wurden die Fenster gestrichen.“

Die Zukunft scheint rosig. Wäre da nicht dieses grundsätzliche Problem: „Damals gab es noch keine Verhütungsmittel. Während ich allerweil Sex haben wollte, hatte die Edeltraud Angst, schwanger zu werden, und wollte nicht. Also hab' ich sie eines Tages erpresst. Ich sagte zu ihr, wenn du nicht willst, geh' ich fremd. So hab' ich dann eine Nacht in meinem Elternhaus verbracht und bin morgens heimgegangen und hab' zu meiner Frau gesagt: ‚Siehst du, das hast du jetzt davon!‘ Worauf sie antwortete: ‚Wenn das so ist, müssen wir uns scheiden lassen.‘ Und ich: ‚Ja, das müssen wir!‘ Und so geschah es dann auch. Wir haben nicht mehr über die Sache gesprochen und ließen uns scheiden. Ich nahm die ganze Schuld auf mich. Und nach zweieinhalbjähriger Ehe war alles weg: die Frau, das Haus. Als wir die Treppe vor dem Justizgebäude hinuntergingen, sagte sie noch zu mir: ‚So einen wie dich krieg' ich nimmer.' – ‚Ja, das war schlecht', erwiderte ich. Damit war die Sache gelaufen. Doch zumindest war die Edeltraud so fair, mir die Hälfte des Geldes zu überweisen, nachdem sie das Haus verkauft hatte, obwohl mir dieses Geld gerichtlich gar nicht zustand. Das führte dazu, dass ich mir mein erstes Rennmotorrad kaufte, und somit war auch dieses Geld wieder weg!"

Was nun? Das ganze Leben liegt noch vor ihm, mit all seinen Möglichkeiten. Arbeit, neue Liebe. Zunächst einmal treibt sich der frisch Geschiedene herum, „auf den Schauplätzen der Weltkultur in Wien". So nennt Böhm das Milieu, in dem er nach eigener Aussage gelernt hat, die Welt zu verstehen. In einschlägigen Lokalen wie dem Café Wimberger und dem Café Arschloch begegnen ihm die Menschen, die ihm klar machen, „was es an pathologischen Typen so alles gibt". Eine Erkenntnis, die er in seinem beruflichen Alltag nutzbringend anwenden kann: „Je mehr man im Leben selbst ein bunter Hund ist, umso fähiger ist man, in der Psychiatrie oder Geriatrie zu arbeiten."

Auch Böhms Liebesleben richtet sich in dieser Zeit keineswegs nach bürgerlichen Normen: „Damals hab' ich nichts ausgelassen. Bis ich Sonja kennen lernte und ihr zufällig auch gleich ein Kind gemacht habe." Die Konsequenz der katholischen Erziehung: Hochzeit am 23. Juni 1962. Damit beginnen neue Probleme: „Denn Sonja kam aus einer sehr eigenartigen Familie. Das passte nicht zu meinen Prägungen."

Seit dem 2. Mai 1960 absolviert Böhm seine Krankenpflegerausbildung im Psychiatrischen Krankenhaus Wien. In jener Zeit hat er Dienst auf der Ambulanzstation. Eines Tages macht er einer Patientin ein EKG, und als er sich ihre Unterlagen genauer anschaut, stellt er fest, dass es sich um Sonjas Schwester handelt. Anhand ihrer Krankengeschichte findet er heraus, dass der Vater der beiden Frauen als geisteskrank galt und während der Hitler-Zeit eigentlich hatte umgebracht werden sollen: „Theoretisch hätte ich die Ehe annullieren lassen können, weil meine Frau mir verschwiegen hatte, dass es einen ‚Geisteskranken' in ihrer Familie gab."

Stattdessen vereinbaren die beiden eine Art privaten Ehevertrag. Darin ist festgehalten, dass das Gehalt des Mannes der Gattin zusteht – bis zum 19. Geburtstag der am 18. Dezember 1962 geborenen Tochter Martina. Gleichzeitig kümmert sich der Vater um die Erziehung der Kinder – 1965 wird der Sohn Christian geboren – und genießt dafür alle Freiheiten.

So beginnt „a bisserl a komische Zeit". Böhm ist überzeugt, dass seine Kinder, falls schon negative genetische Erbanteile vorhanden sein sollten, zumindest ein normales Milieu brauchen, in dem sie aufwachsen. In der Praxis bedeutet das, dass die Mutter sich unter der Woche nach der Schule um sie kümmert, während der Vater seine Kinder am Wochenende betreut und nebenberuflich das Geld verdient, das er selbst braucht, da sein gesamtes Gehalt ja an die Familie geht.

Eine Konstellation, die Böhm heute als entscheidend für seinen späteren Werdegang ansieht: „Damals war ich Anfang zwanzig. Damit hatte eine Zeit begonnen, die nicht mehr von derart fundamentaler Bedeutung ist, weil ab diesem Alter ja keine großartigen Veränderungen mehr im Menschen passieren. Alle Lebensmöglichkeiten stehen bereits fest. Ab dann durchlebst du halt dein Leben. Den einen triffst du, den anderen triffst du nicht. Die eine heiratest du, die andere heiratest du nicht. Eigentlich alles egal, da passiert ja nix mehr, du lebst dahin, ganz gleich, ob sie jetzt Grete heißt oder Inge, du lebst deine Copings. Das sind jene Problembewältigungsmechanismen und Verhaltensstrategien, die innerhalb bestimmter Entwicklungsphasen erworben werden, danach lebenslang erhalten bleiben und vor allem in belastenden Situationen eingesetzt werden, weil sie Sicherheit geben. Für meine Biografie ist die Edeltraud von entscheidender Bedeutung gewesen. Das war die absolute Liebe. Mit ihr hätte ich nichts gebraucht. Ich hätte keine Bücher geschrieben, nicht das Abitur nachgeholt, ich hätte einfach nur gelebt und geliebt. Aber dann kam die Sonja, mit der Liebe war's vorbei. Und daraus hat sich ergeben, dass ich das machte, was ich schließlich mein Leben lang machte. Es gab außer den Kindern nichts, was mich nach Hause zog. Also zog es mich von zu Hause weg, und was dort passiert, kann sich auf verschiedenen Ebenen abspielen. Wer ist schon glücklich verheiratet? Es sind vor allem die Männer, die in solchen Situationen nach Fluchtmöglichkeiten suchen. Der eine geht ins Wirtshaus, der andere ist dauernd auf dem Tennisplatz. Ich sagte: Gut, dann studiere ich halt. Dass ich der bin, der ich bin, dass jetzt sogar eine Biografie über mich geschrieben wird – das alles hab' ich der Sonja ... naja ... zu verdanken. Mit der Edeltraud hätte ich vermutlich ein größeres Haus gebaut, wir wären durch die Welt gereist, ich hätte nichts anderes mehr aus mir gemacht. Weil ich mit Sonja nicht leben konnte, musste ich nach neuen Inhalten in meinem Leben suchen. Da ich der Herumweiberei nichts abgewinnen konnte, musste ich mich auf eine andere Weise selbst verwirklichen. Gut, sagte ich mir, dann liebe ich mich halt selbst, dieser Narzissmus eben, und entwickele Systeme und arbeite mehr und bring' mich stärker ein, schreibe Bücher. Aber da waren diese Grunderkrankungen, diese Einzeltrümmer, die sich aus meiner Biografie ergaben, diese paar Weibergeschichten ... Und ich sagte mir: Na gut, dann befreie ich halt die Geisteskranken von ihren Ketten. Mit einer anderen Erziehung hätte ich in dieser Situation vielleicht eine Partei gegründet."

Wir gehen nach unten, beziehen die Raucherecke auf der kleinen Veranda zwischen Haus und Garage. Zum ersten Mal fällt mir das Schild an der Eingangstür auf, auf dem steht: „Achtung! Direkt hinter dieser Tür leben die berüchtigten Böhms."

Als wir wieder im Arbeitszimmer sitzen, zeigt Erwin mir einige Bilder: Edeltraud, Sonja, die Kinder. Viele Aufnahmen sind es nicht. Nur bei besonderen Gelegenheiten wurden damals Fotos gemacht. Offenbar gab es nicht viele besondere Gelegenheiten. Oder die Bilder sind irgendwann abhanden gekommen. Mit Sonja bestehen übrigens bis heute sporadische Kontakte. Einmal im Jahr, an Weihnachten, trifft man sich, hauptsächlich wegen der Kinder, die inzwischen selbst Eltern sind. Gelegentlich ruft Sonja an, weil sie sich einsam fühlt, Hilfe braucht.

Nun erzählt Böhm eine Geschichte über eine „Irre", die er irrtümlicherweise für eine Pflegerin gehalten hat.

„Es muss um 1962 gewesen sein. Eine der schärfsten Geschichten überhaupt! Ich war mit meinem Motorrad unterwegs, und plötzlich steht an der Straße unweit vom Psychiatrischen Krankenhaus dieses Mädel. Rotes Haar, lange Beine, ein unwahrscheinliches Rasseweib. Sie sagte, sie müsse dringend nach Graz. Also stieg sie auf und wir fuhren nach Graz, wo wir uns zwei Tage lang in einem Hotel einbunkerten. Anschließend fuhren wir zurück nach Wien, und kaum hatte ich erneut meine Dienststelle betreten, wurde ich zu meinem Chefarzt zum Rapport beordert. Der wetterte gleich los: ‚Seit zwei Tagen sucht die Polizei in ganz Österreich nach einer entflohenen Geisteskranken, und Sie haben die auf Ihrem Motorrad und sind mit ihr nach Graz gefahren!' Mir war gar nicht aufgefallen, dass das eine Patientin war. Aber damals hab' ich mir geschworen, mir die Leute in Zukunft genauer anzuschauen. Und das mache ich seit diesem Vorfall, eigentlich bis heute."

Lieblinge

Ja, der Beruf. Oder besser: die Berufe. Denn in den sechziger und noch bis in die siebziger Jahre hinein ist Erwin Böhm nicht nur als Pfleger, anschließend als Oberpfleger und noch später als Pflegelehrer tätig. In all den Jahren verdient er sich unter anderem als Lastwagenfahrer, Kanalschachtausheber, Maler, Tapezierer, Elektriker und Türschoneranbringer ein mehr oder weniger üppiges Zubrot und erhält durch diese Nebenjobs die willkommene Gelegenheit, von zu Hause wegzukommen und in neue Milieus hineinzugelangen. Mehr als einmal bietet sich ihm die Chance, seine Ausbildung in der psychiatrischen Pflege abzubrechen und die Spitalwelt endgültig zu verlassen. Eine Fabrikantenwitwe beispielsweise bietet ihm an, Geschäftsführer ihrer Bürstenbinderfirma zu werden, nachdem er dort zunächst Holzscheite vom Hof in die Hallen getragen und später die Maschinen zum Bohren der Löcher für Rasierpinsel und Klobürsten neu eingestellt hat, woraufhin sich die Produktion und auch der Umsatz vervierfacht.

Kurze Rückblende. Zunächst beginnt seine Karriere in einer psychiatrischen Großklinik. Am 2. Mai 1960, wie gesagt, ist er als Pflegerlehrling dort eingetreten. Der Dienst dauert zwölf Stunden, von morgens sechs bis abends sechs. Der nächste Tag ist frei. Und an diesen freien Tagen geht Böhm pfuschen, das heißt einer seiner zahlreichen nebenberuflichen Beschäftigungen nach, mitunter zusammen mit dem Oberwärter, der sich dennoch erdreistet, ihn am nächsten Tag bei Müdigkeitsanzeichen zu fragen: „Na, Böhm! Gehen Sie nebenher etwa noch arbeiten?"

Nicht nur diesen, sondern auch viele andere Pfleger lernt Böhm als stark verhaltensgestörte Menschen kennen. „Da war zum Beispiel der Herr Haas, der stets einen Schlüsselbund dabei hatte, an der eine Hartholzkugel von etwa vier Zentimeter Durchmesser befestigt war. Diese Kugel hat er den Leuten gegen den Kopf und auf die Finger gehauen und scheinheilig gefragt: ‚Na, ist das ein hartes oder ein weiches Holz?' Natürlich wollte er die Leute nur quälen. Ja, es gab viele Sadisten unter den Pflegern, die geschlagen haben, aggressiver gegen die Patienten vorgegangen sind, als nötig war."

Solches Verhalten seiner Kollegen fördert von Anfang an Böhms Unzufriedenheit mit den bestehenden Verhältnissen in der Psychiatrie. Doch statt den Beruf aufzugeben, wehrt er sich und beschließt, die Missstände zu Papier zu bringen und als Beschwerden an seine Vorgesetzten weiterzugeben.

Ohne Erfolg: „Prinzipiell hat das nichts gebracht", außer schlechter Stimmung unter den Kollegen. So ist zu erklären, dass Böhm in den folgenden Jahren mehrmals den Arbeitsplatz wechselt, manchmal schon nach drei oder vier Tagen, spätestens aber nach einem Jahr.

Allerdings erlebt Böhm auch Kollegen, die ihm positiv in Erinnerung geblieben sind. Etwa den Pfleger Hasenschädel, der die Kinder regelmäßig mit „Zuckerln" (Bonbons) versorgt, die dieser aus seiner Privatkasse zahlt. Oder den Pepi Zika, „einer der Ersten, dem ich bei meinem Eintritt ins Irrenhaus begegnet bin. Wir sollten zusammen Nachtdienst schieben. Tags zuvor forderte er mich auf, am Abend ein Tablett mit Apfelstrudel mitzubringen. Anfangs hab' ich mir gedacht: Was soll das? Ist der Kerl irgendwie deppert? Doch weil er mir sympathisch war, hab ich das halt gemacht. An jenem Abend brachte auch er selbst ein Tablett voller Apfelstrudel mit, die wir dann an die Schwachsinnigen, Debilen und Idioten verteilt haben. Wir gingen durch die Säle, und jeder bekam einen Apfelstrudel. Mit dem Resultat, dass alle durchschliefen und wir uns jede Menge Schlafmittel ersparten. Ja, so einen wie den Pepi mit seiner Güte und Freundlichkeit hab' ich nur selten erlebt."

Im Prinzip überwiegen die negativen Erfahrungen: „Das meiste war mir immer unerträglich. Also hab' ich beim Anstaltsleiter regelmäßig Beschwerde eingelegt. Als der fragte, was ich denn eigentlich wolle, sagte ich: ‚Ich möchte gerne auf die Chirurgie.' Dort gab es eine Ambulanzstation, wo alles Mögliche gemacht wurde. Von montags bis freitags war immer wieder ein anderer Facharzt da, dem ich assistiert habe: dem Chirurgen, dem Gynäkologen, dem Röntgenarzt. Genau das wollte ich!"

1963 legt er sein Examen als Krankenpfleger ab. Im selben Jahr gelingt es ihm, sich in einen anderen Pavillon versetzen zu lassen, in die Ambulanz zu den Fachärzten, wo er ständig Neues lernt. Und wo es, gewissermaßen eine Konstante in Böhms Leben, erneut zur Begegnung mit einem älteren Herrn, dem Ambulanzvorsteher, kommt: „Von da an ging's mit mir bergauf. Auch weil ich dort deklarierte, Heurigenlieder singen zu können. Und Tupfer zu halten, Klammern zu setzen, das gefiel mir."

Böhms absoluter Lieblingsarzt ist der chirurgische Chefarzt Dr. Ernst Seehofer, der zudem als Chefarzt der Wiener Unfallversicherungsanstalten für Rentengutachten zuständig war „und aus politischen Überlegungen einen Job im Narrenhaus dazugeschenkt bekommen hatte. Ein Riesenkerl, immer wild, immer cholerisch“, dem außer Böhm niemand im Operationssaal assistieren will. „Er war mit dem, was ich tat, zwar nie zufrieden, doch ich wollte etwas dazulernen. Aus dem Grund hab’ ich mir jede Menge Chirurgiebücher gekauft und alle möglichen Operationstechniken studiert, was dazu führte, dass er mich heiß liebte und gar nicht mehr ohne mich operieren wollte.“ Dabei steht die Zusammenarbeit anfangs alles andere als unter einem guten Stern. Nachdem Böhm von der Oberschwester Eva Holler eine knappe Einschulung erhalten hat, fällt er bei den beiden ersten Operationen prompt in Ohnmacht. Seehofers Kommentar: „Schwester Eva, was willst denn mit dem Arschloch da? Schlepp ihn raus!“

Eva Holler hat Böhm übrigens zu verdanken, dass er in dieser Zeit das Abitur nachholt, „nachmaturiert“, wie es auf Österreichisch heißt. „In der Volks- und Hauptschule war ich ein absoluter Volltrottel, weil mich das schulische System zur Verzweiflung brachte. Folglich war ich auch jetzt, mit Anfang zwanzig, ein Vollidiot, grenzdebil, aber glücklich. Dann kam die Eva und sagte den Satz, der meine Überkompensation einleitete: ‚Das ist ja unglaublich! So ein fescher junger Bursche und so deppert!‘ Dieser Satz führte dazu, dass ich beschloss, die Matura nachzuholen. Und so begann für mich das Lernen.“

Derweil macht das Operieren immer mehr Spaß: „Seehofer ließ mich gewähren. Kleine Sachen hab’ ich selbst operiert und, was strengstens verboten war, Vollnarkosen verabreicht. Seehofer hat mich so geliebt, dass er mir eines Tages anbot, nach Feierabend in seiner Nobelordination im 3. Bezirk auch privat für ihn zu arbeiten. Da hat er auch operiert, so Kleinigkeiten, abends, und brauchte einen Assistenten.“

Wenn Seehofer nicht im Spital ist, etwa in der Urlaubszeit, wird er von Dr. Pevny ersetzt. „Der Pevny war ein Grandseigneur der Chirurgie, ganz anders zwar als Seehofer, aber er hat mir ebenfalls imponiert. Übrigens hab’ ich auch in der Ordination von Pevny gearbeitet. Zudem hatte der eine Freundin, die Hedy Müller, die Nobelkleider herstellte. Für die hab’ ich nicht nur kleine Transporte übernommen, sondern bei Modenschauen in Salzburg und München zudem den Rausschmeißer gegeben. Und so bin ich dann, mit einem maßgeschneiderten Anzug als Dienstkleidung, eine Weile in der Welt der Reichen und Schönen rumgekrebst. Die Hedy wollte mich ebenfalls fest in ihrer Firma engagieren. Ich war, wie gesagt, stets gefährdet, der Pflegerei irgendwann den Rücken zu kehren.“

Trotzdem macht Böhm in „der Pflegerei“ weiter. Um die Karriereleiter weiter hinaufsteigen und einen höheren Dienstgrad erreichen zu können, holt er 1964 tatsächlich das Abitur nach, das in diesem österreichischen Fall „B-Matura“, Beamtenmatura, genannt wird. „Es begann mit dem Versuch, die Abendmatura zu machen, was auf Grund meiner Dienstzeiten scheiterte. Also beschloss ich, nebenher die Fernmatura zu machen, die aus einer rein schriftlichen Lernsituation besteht und vom Gang in eine Klasse entbindet. Meine Fächer waren Deutsch, Geschichte, Staatsbürgerkunde und Erdkunde. Als total Unwissender, der bloß Volks- und Hauptschulbildung aufzuweisen hatte, tat ich mich anfangs wahnsinnig schwer. Doch plötzlich kam es zu einem totalen Umbruch in meinem Schädel. Auf einmal kam mir das Lernen ungemein faszinierend vor, und ich wusste: Das bringt's, ich muss lernen. Schließlich hatte ich eine Menge nachzuholen, alles, was ich in dreizehn Schuljahren versäumt hatte. Ich lernte zu lernen. Trotzdem geriet in meinem Schädel alles durcheinander. Innerhalb weniger Monate hatte ich die Staatsprüfung in Krankenpflege abgelegt und das Examen der B-Matura. Bei letzterem musste ich einen zwanzigseitigen Aufsatz zum Thema ‚Der Mensch lebt nicht vom Brot allein‘ verfassen. Ein Thema, das mich entzückte, weil ich darin einen direkten Bezug zur Krankenpflege erkannte. Folglich verwiesen meine Ausführungen schon im Vorhinein auf meine späteren Bücher, in denen es ja auch heißt: Nein, der Mensch lebt nicht vom Brot allein, sondern er braucht auch Seelennahrung! Allerdings bin ich bei dieser Prüfung durchgefallen und musste noch einmal mündlich antreten, in Literatur zum Thema Faust. Dafür musste ich fünf bis sechs Bücher durcharbeiten und diverse Aspekte interpretieren. Auch daraus entstand im Grunde meine Pflegediagnose: Warum benimmt sich Faust so? Warum Gretchen so? Mir wurde klar, dass man ja tatsächlich Menschenrollen interpretieren kann. Wenn man Faust und Gretchen so oder so auslegen kann, dann müsste das eigentlich auch bei den Alten funktionieren.“

Ist die B-Matura demnach der eigentliche Auslöser für die späteren bahnbrechenden Böhm'schen Pflegetheorien gewesen? Oder gaben die konkreten Erfahrungen den Ausschlag, die Böhm im alltäglichen Umgang mit den Patienten machte?

In den folgenden fünf Jahren ist Erwin Böhm neben seiner Tätigkeit im Psychiatrischen Krankenhaus jeden Abend in der Praxis von Dr. Seehofer – und gelegentlich bei Dr. Pevny – im Einsatz. Anfangs fährt er nach Feierabend mit dem Motorrad hin; später stellt der Chef ihm sein Auto zur Verfügung. Doch irgendwann bietet sich ihm noch eine andere Möglichkeit, sein recht bescheidenes Grundgehalt aufzubessern: „Eines Tages kam mein Anstaltsleiter, Dr. Landeck, zu mir und bot mir an, als Lehrer tätig zu werden. Inzwischen war ich bei den Anstaltsdirektoren sehr beliebt. Weil ich mit meinen Ideen überall für Wirbel gesorgt hatte, hieß es, sei der Name Böhm in jeder Keimzelle dieses Hauses zu spüren. Irgendwie muss ich den Klinikchefs immer positiv aufgefallen sein. Jedenfalls sagte der Anstaltsleiter, er könne sich noch gut daran erinnern, dass ich ja die Welt ändern wolle, und das könne ich tun, wenn ich als Lehrer in den Unterricht überwechseln würde. Damals wurde gerade die psychiatrische Diplomkrankenpflegerschule aufgebaut, in der eine dreijährige Diplompflegeausbildung für psychiatrisches Diplompersonal angeboten wurde. Somit wurde ich zum ersten männlichen Pflegelehrer Österreichs, denn damals durften Männer in diesem Bereich gar nicht unterrichten. Und plötzlich stand ich da, ohne jegliche Grundausbildung, ohne die geringste Ahnung von Didaktik. Ich wusste weder, was ich im Unterricht erzählen sollte, noch, wie ich die Inhalte vermitteln sollte. Meinem Minderwertigkeitskomplex entsprechend hab' ich alles zu Hause im Eigenverfahren auswendig gelernt, und zwar mit größtem Ehrgeiz. Nach dem Motto: Wenn ich schon Lehrer bin, dann will ich der Lehrer sein, der den Stoff auswendig kennt, der ohne Skript vor die Klasse tritt. In der Folge schaffte ich es tatsächlich, nicht weniger als vierzehn Fächer frei zu unterrichten. Neurologie beispielsweise ist ein sehr rationales Fach, für Männerhirne bestens geeignet, fast so was wie Autoelektronik. Da kam mir dann meine Spenglerausbildung zugute."

Schon nach kurzer Zeit wird Böhm zum absoluten Lieblingslehrer dieser Schule, besonders bei den Schülerinnen. In seinen Kursen geht es ausgesprochen lustig zu. „Dem kam entgegen, dass alle Schüler bereits eine fertige Berufsausbildung vorweisen mussten, bevor sie in unserer Schule aufgenommen wurden. Wir haben im Gegensatz zu heute niemanden direkt von der Schule übernommen. Der Grundgedanke dabei war, dass man bereits eine bestimmte Lebenserfahrung mitbringen muss, um in der Psychiatrie arbeiten zu können. Das war logisch und absolut richtig. Denn was soll der 20-Jährige, der gerade sein Abitur in der Tasche hat, mit einem 60 Jahre alten Bauhilfsarbeiter anfangen? Was sollen die beiden miteinander reden? Aber mir mit meinen 52 Nebenberufen, was wollen die Alten mir denn vormachen?"

Apropos Schülerinnen: „Neben einigen Liebe-per-distance-Affären kam es etwa zu folgender Situation mit einer gewissen Frau Schmoll: Eines Tages wurde ich zum ärztlichen Direktor gerufen, der von mir wissen wollte, warum ich zu einem bestimmten Zeitpunkt nicht in der Penzinger Kirche erschienen sei, um zu heiraten. – ‚Na, was soll ich denn dort, ich bin ja bereits verheiratet?' Da hatte diese Schmoll doch tatsächlich Heiratsannoncen für uns drucken lassen, weil sie sich einbildete, ich liebte sie und würde sie folglich auch heiraten. Ja, das ging so weit, dass sie bereits die Hochzeitstafel bestellt hatte, obwohl ich noch kein einziges Wort mit ihr geredet hatte. Das nennt man Liebe-per-distance-Verhältnis und ist eine Form von Schizophrenie.

Bei meiner Ausbildung zum Lehrer kamen Diskussionen auf, die hauptsächlich von jenen Lehrerinnen angestiftet wurden, die immer schon der Meinung gewesen waren, Männer gehörten nicht in den Lehrberuf. Da wurde dann über alles Mögliche diskutiert, aber die Hauptfrage lautete eigentlich: Sollen Krankenschwesterschülerinnen um 22 Uhr in ihrem Wohnheim sein oder nicht? Die alten Weiber haben das natürlich bejaht. Bis es mir irgendwann zu bunt wurde und ich meinte: ‚Werte Damen, worüber reden wir hier eigentlich? Ich versteh' diese Diskussion gar nicht, aber ich glaube, Sie sind der Meinung, dass Schwesternschülerinnen keinen Sex haben dürfen. Aber das hat nichts mit der Uhrzeit zu tun. Als Mann kann ich Ihnen versichern, dass man das auch um neun Uhr in der Früh tun kann. Also kann unser Thema mit dem Wohnheimschlüssel und der Sperrstunde nicht in Verbindung gebracht werden.' Kein Wunder, dass sich die Lehrerinnen verbrüdert und gegen mich verschworen und mich nie wieder angesprochen haben, außer die eine oder andere, die beim Kaffee zu mir kam und sagte: ‚Du hast eh Recht, aber so was kann man nicht sagen! Und schon gar nicht im Unterricht.'"

Doch Böhm hält durch. Auch um seinem eigenen Vater zu beweisen, dass der für nicht besonders gescheit gehaltene Sohn sich durchgesetzt und es zu etwas gebracht hat. 1967 wird er zum Lehrpfleger ernannt. Eines Tages lädt Böhm seinen Vater ein, ihn in der Schule zu besuchen: „Der kam also zum Unterricht und fragte am Eingang den Portier, wo er mich finden könnte. ‚Ach, unseren Herrn Lehrer Böhm!' Der Vater konnte es kaum glauben: ‚Wieso Lehrer? Der ist doch höchstens als Mistkistlausleerer hier tätig!' Der Portier zeigte ihm dann trotzdem den Weg, und mein Vater kam in die Klasse, in der ich im weißen Kittel und in weißer Hose hinter dem Pult stand. Er setzte sich in die letzte Bank, hörte mir voller Bewunderung zu und begann zu weinen, wie ich ihn zuvor noch nie hatte weinen sehen. Ja, bewundert hat er mich immer schon, bei allem was ich tat, das wusste ich, auch wenn er nie fähig war, mir das zu sagen. Doch er zeigte es mir, etwa indem er von meinem ersten Motorrad an darauf bestand, meine Maschinen zu putzen. Immer saß er da, ein achtzigjähriger Mann mit Asthma, und rieb an meinen Motorrädern rum. Es war ihm eine besondere Ehre. Genauso, wenn ich ihn in meinem Auto spazieren fuhr, er hat ja nie eins besessen. Das war seine Erfüllung: Sein Sohn ist Lehrer geworden, besitzt ein Auto und fährt ihn damit herum. In diesem Sinn empfand ich meinem Vater gegenüber keinerlei Schuldgefühle, als er 1971 starb."

Zwei Jahre später muss Böhm sich dann doch den Regeln beugen und eine Lehrerausbildung absolvieren: „Das war natürlich ein Kasperletheater!" Aber zumindest lernt er bei dieser Gelegenheit die beiden Lehrer kennen, die ihm als seine großen Vorbilder in Erinnerung geblieben sind: Obersenatsrat Dr. Senal und Primarius Pevny.

„Senal war ein wilder Hund. Jurist, 2,05 Meter groß, imposant. Am ersten Kurstag kam er mit einer riesigen alten Aktentasche herein, stellte sich vor mich in die erste Reihe, ließ die Tasche fallen und fragte: ‚Was ist das?' – ‚Sie haben die Tasche fallen lassen!', erwiderte ich. – ‚Quatsch! Das ist ein Naturgesetz! Das fällt eben runter. Aber wir reden hier nicht über Naturgesetze, wir reden über menschliche Gesetze!' Der Senal also hat mich begeistert, weil er anders war als alle anderen Lehrer, die sich immer nur an die Tafel stellten und weit weg von den Schülern waren. Senal hingegen hat uns beschimpft, uns als deppert bezeichnet – ein Ausdruck übrigens, den ich auch heute noch häufig benutze!"

Ganz anders hingegen ist Böhms zweiter Lieblingslehrer, Primarius Pevny: „Pathologe, ein absolut feinfühliger, lieber, netter, herzlicher Mensch. Mir ist bis heute völlig rätselhaft, wie so ein freundlicher Mann Leichen sezieren kann. Doch er war außergewöhnlich gescheit und verstand es, sein Wissen auf humorvolle Weise, gespickt mit lustigen Geschichten, an die Schüler zu bringen."

Somit steht für Böhm fest: So ein Lehrer will auch er werden, eine Mischung aus Senal und Pevny, je nachdem, was die Menschen brauchen, die zu ihm kommen. Eine gute Gelegenheit, seine neu gewonnene Autorität in der Praxis zu erproben, bietet sich Erwin Böhm, als eines Tages ein gewisser Herr Ponzer vor ihm in der Klasse sitzt. Man kennt sich aus der Jahre zurückliegenden gemeinsamen Zeit in einer Lehrwerkstätte: Ponzer ist ebenfalls ausgebildeter Autospengler. Neben ihm in der Bank sitzt ein weiterer „alter Haudegen“ namens Riemer: „Die beiden haben mich ständig nur ärgern wollen, immerzu dumme Fragen gestellt, eine blöder als die andere. Doch als es mir zu viel wurde, packte ich den Ponzer vor den Augen der anderen siebzig Schüler an der Krawatte und sagte: ‚Wenn du jetzt nicht aufhörst, Ponzer, kriegst du eine auf die Goschen!‘ Alle haben gelacht. Aber es gab dennoch einen gehörigen Skandal, als der Schulleiter erfuhr, dass ich einen der Schüler bedroht hatte. Mein damaliger Chef hätte mich am liebsten umgebracht, aber nicht wegen der Geschichte mit Ponzers Krawatte, sondern weil ich als Lehrer beliebter war als er. Also kam er in die Klasse und wollte den Vorfall schriftlich festhalten. Doch keiner der Schüler hat unterschrieben, die ganze Klasse sagte, Ponzer hätte sich den Zwischenfall nur eingebildet. In den nächsten drei Jahren führte ich sie alle zum Diplom, und bei der Abschlussfeier waren alle besoffen.“

In die zweite Hälfte der sechziger Jahre fällt Böhms erste Beschäftigung mit dem Thema Altenpflege. 1968 macht ihn sein Anstaltsleiter Prof. Dr. Landeck, der Vorsitzende der Freud-Gesellschaft, auf eine Ausschreibung des Münchener Fortbildungsinstituts für Krankenpfleger aufmerksam. Man suchte Beiträge für einen Wettbewerb zum Thema „Ist der alte Mensch ein Problempatient?“ Böhm erinnert sich: „Man hätte über Schizophrenie schreiben können. Aber weil ich damals sehr stark auf somatische Medizin ausgerichtet war, hab’ ich bei der Gelegenheit so ein paar Grundhypothesen entwickelt, die besagten, dass Alte eigentlich rehabilitiert und nicht eingesperrt werden müssten. Keine Ahnung, wie ich darauf kam, aber das hatte vermutlich mit meinem schlechten Gewissen zu tun. Und so hab’ ich dann diese Gedanken niedergeschrieben.“

Es ist der 30. September 1968.

Lauter handschriftliche Notizen, denn Maschineschreiben beherrscht Böhm ja nicht und von Computern redet damals noch niemand. Böhms Artikel, in dem die ersten Grundthesen zur Rehabilitation formuliert werden, erringt bei besagtem Wettbewerb den 10. Platz, wird aber nie publiziert. „Doch damit begann ein zehnjähriger Entwicklungsprozess. Ich hatte die fixe Idee, eine Neuorientierung der geriatrischen Pflege in die Welt zu setzen.“

Die Welt verändern

1971 zieht die Familie Böhm mit ihren beiden Kindern Martina und Christian in eine Gemeindewohnung in der Wiener Rupertgasse. Im selben Jahr erscheint Böhms erste Publikation in Form eines Leserbriefs. In einem Artikel über das psychiatrische Krankenhaus Wien hat eine österreichische Zeitung behauptet, dort arbeiteten lauter „Wärter". In einem Schreiben an die Redaktion wehrt sich Erwin Böhm gegen diesen Ausdruck, indem er meint, „Wärter" seien im Tierpark Schönbrunn für die Affen zuständig, aber nicht für Kranke.

Schon damals sieht sich Böhm in der Rolle eines Advokaten der Pfleger, als eine Art Betriebsrat dieses Berufsstandes: „Das ist bis heute so. Zwar übe ich intern häufig Kritik an den Pflegern, beschimpfe meine Kursteilnehmer, doch wenn Vorwürfe von außen kommen, wenn Laien sich anmaßen, Urteile über die Pfleger zu fällen, dann verteidige ich stet meine Kollegen."

Auf diesen Leserbrief kommen zahlreiche Reaktionen. Seine Vorgesetzten raten ihm, sich in Zukunft regelmäßiger in Artikeln und Stellungnahmen für das Krankenpflegertum zu engagieren. „Von Orthografie hatte ich zwar keine Ahnung, aber es war immer ein Wunsch von mir gewesen, die diplomierte psychiatrische Pflege zu emanzipieren. Und ich war der festen Überzeugung, dass das nur möglich ist, wenn gleichzeitig die Ansprüche an die pflegerischen Inhalte erhöht werden. Heute weiß ich, dass diese Emanzipation nur in den seltensten Fällen gelungen ist. Es gibt kaum ein Haus, in dem meine Methode in der Psychiatrie angewandt wird. Das schlingerte irgendwann rüber auf alle möglichen Stationen, aber nicht auf die Psychiatrie, wie es eigentlich mein Plan gewesen war."

Unterdessen kennt der berufliche Alltag weiterhin seine Höhen und Tiefen. Erwin Böhm unterrichtet bis 1974 und stellt plötzlich fest, dass auch diese Tätigkeit zur bloßen Routine zu werden droht: „Die 14 Fächer, die ich auswendig beherrschte, hatten mit Krankenpflege eigentlich gar nichts zu tun. Ich stand da und plapperte nach, was ich in medizinischen Büchern gelesen hatte. Eines Tages, während des Unterrichts – ich weiß noch genau, ich redete gerade über die Tuchent-Orange-Polyneuritis, eine Sonderform der Lähmung –, hab' ich meinen Mantel in die Klasse geschmissen und gesagt: ‚Leckt's mich am Arsch, ich scheiß' drauf, ich geh' jetzt heim'."

Am nächsten Tag ruft ihn sein Klinikchef an und fragt, was denn nun wieder los sei, ob er in Pension gehen wolle. „Und ich sag' ihm, Schule ist nix! Pavillon 18 ist nix! Nur Pavillon W klammere ich aus, da hab' ich mich wohl gefühlt. – ‚Na, was wollen Sie denn machen?' – ‚Vielleicht kann ich die Welt nur ändern, wenn ich Chef einer Aufnahmestation werde.' Woraufhin mir mein Chef vorschlägt: ‚Na gut, dann probieren wir das. Dann werden Sie jetzt also Oberpfleger.'"

So beginnt eine dreivierteljährige Probezeit, unter der Aufsicht der Oberärztin Kaufmann. Anschließend soll darüber entschieden werden, ob Böhm dieses Amt antreten darf oder nicht.

An Frau Kaufmann, „ein enorm patientenunfreundliches, vor allem gegenüber Männern bösartiges Weib", erinnert Böhm sich noch lebhaft. Der angehende Oberpfleger begleitet diese Oberärztin auf ihren Visiten und notiert, was sie bei dieser Gelegenheit so sagt. Im ersten Stock von Pavillon 4 lebt ein gewisser Herr Peuster, ein fanatischer Raucher. Frau Kaufmann, eine genauso fanatische Raucherhasserin, geht auf den alten, dementen Mann zu, tastet ihn ab und fragt: „Na, wo haben Sie denn Ihre Tschicke da?" Gemeint sind die Zigaretten. Als sie eine Schachtel findet, nimmt sie sie und zerreißt sie vor Peusters Augen. Noch heute entrüstet sich Böhm über dieses Verhalten: „Diese Leute hatten ja kein Geld und haben gelebt wie in einem Konzentrationslager. Und wie der Peuster dann immer geschaut hat, wenn seine Zigaretten vernichtet wurden! Das ist ja Wahnsinn! Die Patienten waren verrückt, die ‚Wärter' noch verrückter, aber am schlimmsten waren die Oberen!"

Also beschließt er, Peuster beim nächsten Rundgang zu Hilfe zu kommen: „Ich wollte ihn retten."

Die Schalter und Stecker in den Abteilungen liegen alle unter Putz und sind mit Blechdeckeln verschlossen, damit sich niemand einen Stromschlag holt. „Aber die waren alle nur angelehnt. Also ging ich kurz vor der nächsten Visite zu dem Mann und sagte: ‚Pass auf, Peuster, ich leg' deine Zigaretten da hinein, und wenn die alte Depperte weg ist, kannst du sie wieder rausnehmen.' Dann beginnt die Visite, ich brav mit dem Block hinter Frau Kaufmann her, und als sie ihre übliche Frage stellt: ‚Na, wo haben Sie denn Ihre Tschicke da?', deutet der Alte seelenruhig auf den Blechdeckel und antwortet: ‚Ja, dort einegeben!'

Es ist klar, dass der Tipp von mir kam. Damit ist ein neuerlicher Skandal perfekt! Frau Kaufmann schäumt vor Wut: ‚Und Sie, Sie wollen bei mir Oberpfleger werden? Und ich soll Sie auch noch unterstützen?'

Wider Erwarten wird Böhm nicht unverzüglich rausgeworfen, sondern muss es noch mehrere Monate mit der ungeliebten Oberärztin aushalten:

„Aber mir war klar, dass die mich nicht förderte. Also konnte ich tun und lassen, was ich wollte. Aus diesen Konfrontationen heraus entstand dann mein ganzes Revoluzzertum.“

Veränderer, Täter, Beweger, Reformierer – Ausdrücke, die in Böhms Selbstbeschreibung stets wiederkehren: „Es war faszinierend für mich, eine psychiatrische Anstalt zu betreten, wo alles im Eimer war und durch die Bank gemeingefährliche Leute arbeiteten. Obwohl ich nie etwas Karitatives, Ethisch-Moralisches studiert hatte, wusste ich: Was die da machen, was die da reden, das kann es eigentlich nicht sein! Angesichts dieses Ausbundes an Bösartigkeit blieb mir gar nichts anderes übrig, als zu reformieren.“ Dieser Drang zur Veränderung beschränkt sich freilich nicht auf seine beruflichen Aktivitäten: „Wenn ich mit meinem alten Auto nicht mehr zufrieden war, hab’ ich ein neues Lenkrad montiert – dann war's ein anderes Fahrgefühl. Das mach’ ich auch heute noch so: Ich zersäg’ alles und setze es wieder neu zusammen. Das brauche ich, das will ich, das ist mein Leben. In jenem Spital war so viel zu tun, so viel zu ändern. Aber vermutlich hätte ich überall reformiert, auch wenn ich Eisenbahner geworden wäre. Wer weiß, vielleicht hätte ich dann Lokomotiven mit Flügeln erfunden.“

Und da war ja auch noch die Frau Primaria Balitsch, die Chefärztin, die stets Nachtdienst hatte, weil sie anscheinend unter Schlafstörungen litt. Auch mit ihr machte Böhm so seine Erfahrungen: „Das war eine ganz Alte mit herunterhängenden Wollstrümpfen und einem Kopftuch. So ging sie mitten in der Nacht von Bett zu Bett, und als ich sie zum ersten Mal sah, fragte ich meinen Kollegen: ‚Wer ist denn die Alte da?‘ Woraufhin sie sich umdrehte und sagte: ‚Ich bin die Frau Primaria! Und wie heißen Sie?‘ Prompt zog sie einen roten und einen blauen Kugelschreiber und ihr Notizbuch hervor, und da bin ich dann eingetragen worden, mit einem roten Punkt hinter meinem Namen. Die Balitsch war so spinnert, dass sie nachts die Kinder aufweckte und ihnen Bonbons in den Mund schob. Wir, die Pfleger, wollten ja, dass die Kleinen schlafen und nicht ersticken. Ich als Pflegeanwärter hatte also die Aufgabe, den Kindern die Zuckerln sofort wieder aus dem Mund zu nehmen, sobald die Frau Primaria passiert war. Was die verteilte, schmissen wir anschließend gleich wieder weg. Lauter Narren! Wenn du aus der Autospenglerei kommst und so was siehst, dann denkst du: Die Leute da, die sind alle deppert!“

Doch Böhm lässt sich nicht so rasch unterkriegen. Als Erstes lernt er im Do-it-yourself-Verfahren Latein. „Und dann war ich, ab 1. Dezember 1974, auf einmal Oberpfleger, der Chef dieser Gauner, aber stets unter dem Vorbehalt, wenn schon nicht die ganze Welt, so doch die Pflege ändern zu wollen. Ich hab mich wie der Jesus gefühlt."

Zunächst überlegt er, was er auf den einzelnen Stationen verändern möchte. „Als Oberpfleger bist du ja der Chef über mehrere Stationen wie die Behindertenstation, die geriatrische Station, die Akutstation, die Station für langzeithospitalisierte Bleuler-Patienten. Als solcher beeinflusst du natürlich auch diese Stationen in der Hinsicht, was in deinem Sinn gemacht werden muss. Du musst Anordnungen treffen für alle diese Stationen, dir überlegen, wie du pflegen möchtest und wie du deine Ideen auf den einzelnen Stationen umsetzen kannst. Ein schwieriges Unterfangen, weil die Voraussetzungen auf den einzelnen Stationen verschieden sind, nicht nur die Patienten und die Pfleger, sondern auch der Wissensstand und die hygienische Situation. Das hat anfangs zu einer gewissen Überforderung bei mir selbst geführt. Nein, sagte ich mir, das pack' ich nicht. Ich kann nicht überall Qualität einführen. Also beschloss ich, zunächst einmal Qualität auf den Stationen einzuführen, wo vermehrt alte Menschen betreut werden. Damit war für mich klar, dass ich mich im Wesentlichen um die Akutszene kümmern würde."

So wird die Idee einer innerbetrieblichen Fortbildung auf den einzelnen Station geboren. Unter anderem führt Böhm so genannte Vokabelhefte ein, mit dem Ziel, dass alle Beschäftigten dieselbe Sprache lernen, in der man miteinander spricht: „Jeder muss verstehen, was eine Compressio Cerebri ist. Jeder muss die Krankheiten erkennen lernen und wissen, wie darauf zu reagieren ist!"

Der Direktor der Anstalt ist über die auf diese Weise erzielten Fortschritte hocherfreut. Er macht den Vorschlag, das Böhm-Haus in eine Schulstation umzufunktionieren. Was bedeutet, dass fortan alle Pflegeschüler auf den Böhm-Stationen lernen müssen und Böhm selbst den theoretischen Schulunterricht durch die praktische Lehre am Krankenbett ersetzt. „Das erschien mir logisch und clever. So dass ich eigentlich die erste Schulstation in Österreich, wenn nicht gar in ganz Europa im Berufsstand Oberpfleger führte. Das war eine sehr schöne Zeit, weil ich mein Fachwissen am Patienten umsetzen konnte. Diese Patientennähe ist später nie wieder verloren gegangen, ich war immer bei denen, bin nie nur der Intellektuelle gewesen, sondern höchstens ein Pseudointellektueller. In der Praxis hieß das, dass ich mir im Büro was zusammengemixt hab' und dann rausgegangen bin und gesagt hab': So machen wir das jetzt. Ich war der erste Praxisanleiter in der EU."

Auf dieser Grundlage entsteht Böhms nächste Erfindung: das so genannte Notfallkartensystem. „Wenn ich nicht weiß, auf was ich beim Patienten achten soll, weiß ich auch nicht, ob sich sein Zustand verbessert oder verschlechtert. Folglich wussten meine Pfleger nie, wie es weitergehen sollte. So kam ich auf die Idee, von jedem Neuzugang eine Art Karteikarte anzulegen. Darauf hielt ich fest, worunter er leidet und was er noch alles kriegen könnte, worauf man bei Problempatienten besonders schauen muss. Dieses Kärtchen hab' ich dann ans Bett gesteckt, und die Pfleger mussten darauf unterschreiben, nachdem sie sich den Patienten angesehen hatten. Auf diese Weise eignete sich die Schulstation ein absolutes Know-how an, und auf einmal war die Pflege sicherer und wissenschaftlicher geworden." Aus dieser Idee entstand die Pflegevisite.

Um Ideen zur Förderung des Zusammenhalts der Pflegergruppe und des Teamgeistes ist Böhm in dieser Zeit, um 1977, nie verlegen. Sein nächster Einfall: Er gründet auf seiner Abteilung einen Kletterclub. Der entsprechende Aushang spricht eine deutliche Sprache: „Wer bei Böhm arbeiten will, muss klettern lernen!" Dieser Kletterclub führt zu einer komplett neuen Gruppendynamik: „Das war der absolute Durchbruch. Auf einmal haben wir uns außerhalb der Anstalt kennen gelernt. Nach den Klettertouren zogen wir uns in eine Schutzhütte zurück, wo wir zusammen gegessen und getrunken haben. Und hier entstanden, oft unter erheblichem Alkoholeinfluss, die meisten und die besten Ideen für die Arbeit in der Anstalt. Ohne Brainstorming und ohne Protokoll. Aber was auf der Schutzhütte ohne Niederschrift beschlossen wurde, das haben wir ab dem nächsten Tag tatsächlich in die Praxis umgesetzt."

Noch Jahre später, 1985, veröffentlicht Böhm in der Zeitschrift *Soziale Berufe* einen Artikel über das Bergsteigen als Mittel gegen das Burnout-Syndrom bei den Pflegern. Darin heißt es unter anderem: „Im Bergsteigen liegt das Glück des immer wieder neu Eroberns, des Ausgefülltseins. Es vermittelt uns vielleicht unbewusst die Vorstellung von schöpferischer Arbeit, Bewährung und vollbrachter Leistung. Und diese Leistung kann uns zufrieden stellen."

Als zentraler Aufnahmeoberpfleger hat Erwin Böhm monatlich mit weit über tausend Neuzugängen zu tun. Täglich müssen er und seine Mitarbeiter sich auf vierzig bis fünfzig völlig fremde Leute einstellen, was nicht nur anstrengend, sondern auch spannend ist, weil die Klientel aus völlig unterschiedlichen Milieus stammt: „Das ging von der im Prater aufgegriffenen Hure bis zum echten Schizophrenen, der ein Wirtshaus zertrümmert hat. Also das hat mir großen Spaß gemacht, nicht aber meiner Kollegenschaft. Das war der Beginn meiner eigentlichen Entwicklung. Nach und nach hab' ich mich von meinen Kollegen distanziert und meinen Kaffee nur noch bei den Patienten getrunken, da, wo die Pfleger im Grunde auch sein sollen. Natürlich sitzt du dort wie in einem Raubtierzoo, doch ich muss sagen, dass mir in 41 Dienstjahren bei den Patienten nie etwas passiert ist, im Gegenteil. Alles, was ich weiß, hab' ich von den Patienten gelernt. Ich bin kein einziges Mal angespuckt worden, hab nie ein blaues Auge abbekommen. Irgendwie muss ich etwas Beruhigendes ausgestrahlt haben. Aber bei meinen Kollegen hat mir das natürlich einen schlechten Ruf eingebracht."

Zwei Geschichten – die mit dem organischen Präservativ und die mit dem millionenschweren Penner – untermauern Böhms Behauptung, dass derjenige, der zehn oder zwanzig Jahre in der Psychiatrie gearbeitet hat, mit Fug und Recht Goethe zitieren darf: Nichts Menschliches ist mir fremd.

„Eines Nachts wurde eine junge, bildhübsche Prostituierte eingeliefert. Ich fragte mich, was ich mit der machen soll. Aber reden durfte man schließlich! Und auf einmal hat die ausgepackt und erzählt, dass alle Männer deppert seien und noch nie einer sie intim berührt hätte. Ich traute meinen Augen nicht, als sie ein Schweineohr aus ihrer Handtasche zog und mir erklärte, wie das ging. Sie führte sich nämlich den hinten zugeklebten Gehörgang einer Sau unten ein und der Freier trieb es mit dem Schweineohr.

Bei einer anderen Gelegenheit wurde ein Mann eingeliefert, der aussah wie ein Penner. Der Grund: Der Patient bildete sich ein, ein Millionär zu sein. Als ich mit dem Kerl ins Bad ging, sagte er zu mir: 'Demnächst wird mein Chauffeur kommen, mit dem Sauerstoffapparat.' Kaum waren wir im Bad, da klingelte es tatsächlich an der Eingangstür der Aufnahmestation, und dort stand ein Chauffeur mit einem Kapperl, der sein Herrli suchte. Und als wir den Penner auszogen, fielen sage und schreibe eine halbe Million Schilling aus seiner Hose."

Während Erwin Böhm seine Aufnahme- und Schulstation führt, fällt ihm eines Tages eine Zeitungsanzeige des Rudolfiner-Hauses in die Hände. Über diese Annonce sucht eines der bekanntesten, bürgerlichsten und christlichsten Krankenhäuser Österreichs, in dem die berühmtesten Ärzte jener Zeit ihre

Ordination halten, einen Lehrer, der zwanzig Stunden psychiatrische und zwanzig Stunden neurologische Pflege unterrichtet. Böhm bewirbt sich. Sein Wunsch: „Weg von der Proletenschule und rein in ein feines Haus, in dem bis zum Portier die gepflegteste Umgangssprache gesprochen wird. Ein sauteures Krankenhaus mit bürgerlichen Patienten. Ja, das reizte mich. Und dort unterrichtete ich schließlich von 1975 bis 1983."

Im Rudolfiner-Haus ist die bekannteste Pflegeforscherin Österreichs, Frau Dr. Volz, tätig, „eine noble Oberdame der internationalen Krankenpflege. Sie hat mir bei jedem Unterricht zugehört und war völlig entsetzt! Schon bei meinen Einstiegssätzen, als ich verkündete, dass ja alles ein Scheißdreck und die Welt im Grunde ganz anders sei, sind alle kollabiert, die Mädchen, die Oberin. Und jeder wunderte sich, wieso die Schülerinnen beim Abschluss der Kurse alle die Note ‚Sehr gut' bekamen. Ich hab' der Volz immer nur erklären können: ‚Das werden Sie nie verstehen! Das ist höhere Mathematik, das kapiert man nur als Prolet.'"

Gleichzeitig ist Frau Volz von Böhms ordinärer Art sehr angetan, vermutlich sogar fasziniert. In dieser Zeit lernt Böhm etliche österreichische Berühmtheiten kennen. Beispielsweise Dr. Viktor Frankl, den Begründer der Existenzanalyse und zusammen mit Sigmund Freud und Alfred Adler das Dreigestirn der Wiener Schule der Psychotherapie. „Frankl war ein Sir, den ich heiß geliebt hab'. Ja, wir waren alle beide voneinander angetan. Frankl war einer der Ersten, die die Hand über mich hielten, wenn man mich von psychiatrischer Seite abschießen wollte. Mit der Zeit lernten auch viele der Professoren, Fellinger und Neubauer etwa, mich schätzen, obwohl ich ein wilder Hund war, ein unverständliches Faktotum, das aus dem Irrenhaus Steinhof kam. Von der Begegnung mit Frankl stammt übrigens auch meine Neigung zur Logotherapie."

Gleich in den ersten Unterrichtsstunden referiert Böhm über Geschichte und über die Bedeutung der Biografie jedes einzelnen Patienten. Später, bei meinen Recherchen, stoße ich in einer Zeitschrift auf eine treffende Kurzbeschreibung des psychobiografischen Ansatzes, eines der grundlegendsten Prinzipien der so genannten Altenpflege nach Böhm. In diesem Artikel heißt es: „Zur psychobiografischen Erhebung gehört eine Hintergrunderhebung zu Kindheit, Jugend und Herkunftsfamilie sowie zur Lebenssituation, die dieser Mensch als Erwachsener aufgebaut hat. Das Kennen lernen der regionalen Geschichte sowie eine grobe historische Datensammlung sind ebenfalls unabdingbar."

Auch im Rudolfiner-Haus hat sich Böhm immer wieder mit sonderbaren Persönlichkeiten abzugeben. Wie beispielsweise mit dem Enkel des weltberühmten Chirurgen Dr. Christian Albert Theodor Billroth, der regelmäßig als Beisitzer an den Prüfungen teilnimmt und der Böhm genauso regelmäßig mit der deplatzierten Frage behelligt, ob er den Revolver 759 B kenne, der im Ersten Weltkrieg als der Revolver schlechthin gelte und den jeder richtige Mann einfach brauche.

Zum Glück gibt es auch erfreulichere Erlebnisse. Etwa die in jenem Haus fest verankerte Tradition, dass der letzte Prüfer mit den frisch geprüften Uniformierten in voller Tracht in ein Schwimmbecken springen muss. „Da ich mir meinen neuen Anzug nicht ruinieren wollte, brachte eine der Schülerinnen mir eine Badehose, die sie aus Professor Fellingers Arbeitszimmer entwendet hatte. Als die Frau Volz mich halbnackt mit den jungen Damen im Bassin sah, traf sie fast der Schlag! Natürlich bildete sie sich ein, ich würde in dieser Mädchensuppe rumschwimmen und alle ihre Schülerinnen sexuell belästigen.“

1 Auch ich habe mich vom „Teddy“ und meiner Mutter „basal“ stimulieren lassen.

2

3

4

5

2 Meine angebliche Zeugungsstätte, die Kientalerhütte, und damit mein Lieblingsort: Hier riecht es nach Felsen und Holz.

3 Ohne Teddybär ging gar nichts.

4 Das ist meine Urheimat: ein Berg und viel Natur namens „Wolfersberg“.

5 Ein Volksschul-Klassenfoto

6 Auch ich war ein Jüngling mit lockigem Haar.

7 Als „junger Wilder“

8 Man musste zu einer Jugendorganisation gehören, denn zu Hause war kein Platz.

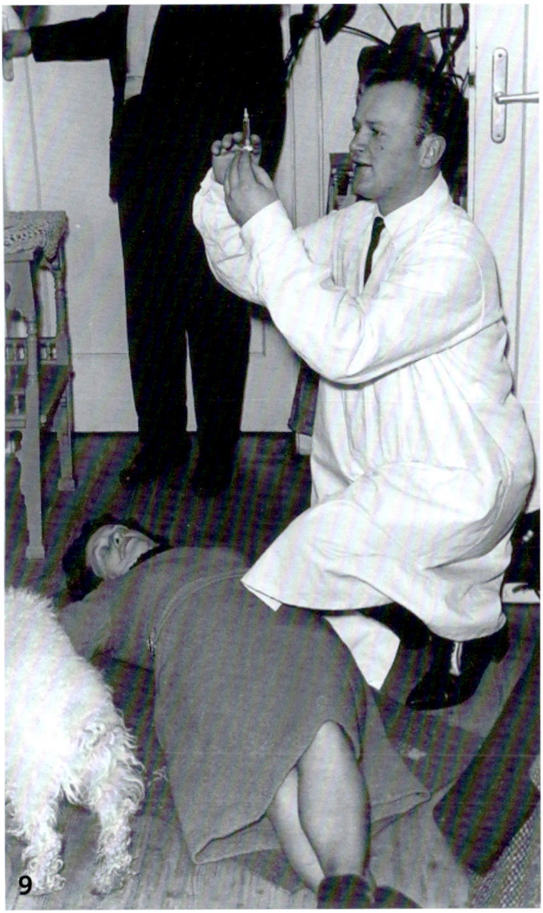

9 Auch ich wollte einmal Spritzen geben.

10 Es war im Rudolfinerhaus fast ein Ritual, dass der letzte Prüfer bei einer Diplomprüfung mit den Neudiplomierten „baden geht“.

11 Im „Rudolfinerhaus“ vor dem Diplomsprung

12 Auch ein sympathikotoner Mann hat eine Chefin.

13

14

15 

13 Mein erstens Übergangspflege-Team war „spitze“: Wir wurden das „dreckige Dutzend“ genannt.

14 Meine Schauspielerkarriere 1968

15 Böhm beim Weltkongress in Amerika

16

16 Man muss sich selbst karikieren können.

17 Auch im Alter
kann man flirten.

18

19

20

18 Klettern, ein Sport für Sympathikotone

19 So lange man lebt, sei man lebendig: Diesen Lehrsatz sollte man auch in die Tat umsetzen und nicht nur darüber reden. Also „bike“ ich wieder.

20 Meine Schauspielerkarriere heute

21 Lachen ist die beste Medizin.

22

23

24

22 Einer von zahlreichen Kursabschlüssen

23 Unter Gleichgesinnten, die derselbe Zeitgeist geprägt hat, lässt sich's leben. Ohne Lachen kann ich nicht leben.

24 Meine Biographie wurde von Georges Hausemer erhoben, interpretiert und auf dieser Pflegedokumentation niedergeschrieben.

Fotos folgende Seite

25 Ein gescheiter Mensch ist immer auch ein „Spitzbube".

26 Wenn man alt wird, bekommt man Auszeichnungen, hier den Ehren-Lazarus.

25

26

Engel ohne Flügel

Am 11. April 1982 veröffentlicht die österreichische Tageszeitung *Kurier* einen Artikel mit der Dachzeile „Statt Netzbett Pflege zu Hause: *Kurier* begleitet Psychiaterteam bei Arbeit". Im Vorspann heißt es: „Früher einmal warteten sie auf den Tod in einer Welt von Netzbetten, Gittern und Beruhigungsmitteln – im Guglhupf. Jetzt dürfen betagte Patienten vom Steinhof zu Hause auf ihre Art glücklich sein. Tausend sind es bereits, die dank der Psychiatriereform durch die Übergangspflege ‚befreit' wurden."

Das psychiatrische Krankenhaus Steinhof, heute das Otto-Wagner-Spital, liegt auf der Baumgartner Höhe im Westen Wiens. An einem strahlenden Vormittag fahren wir hin. In der Nacht hat es gehörig geschneit, doch am Morgen haben sich die Wolkenungetüme verzogen. Endlich kann ich von meinem Dachfenster aus den Schneeberg sehen. Es gibt ihn also wirklich! Ein Kranz aus zartrosa und hellblau schimmerndem Licht umspielt seinen Gipfel.

Wir kurven den Gallitzinberg hoch, kommen am „Fassl" vorbei, einem kleinen, in einer Holzhütte untergebrachten Café-Restaurant, wo Böhm häufig Besprechungen mit seinen Kollegen abhielt, weil „tiefsinnige Gespräche nur beim Wirt möglich sind". Später werden wir dort zu Mittag essen.

Die Anstalt ist von hohen Mauern und einem Eisenzaun umgeben. Böhm grüßt den Portier, der so beiläufig zurückwinkt, als würde der Professor nach wie vor täglich hier passieren. Dabei hat er seit gut zwei Jahren, seit seiner Pensionierung, keinen Fuß mehr hierhin gesetzt. Lautlos öffnet sich die Schranke an der Einfahrt. Wir gelangen in eine weitläufige Anlage inmitten von Platanen, Kiefern und Wiesen, die angeblich so groß ist wie die Wiener Innenstadt. Schon von fern leuchtet das Dach der St. Leopold-Kirche – ein emblematisches, zwischen 1904 und 1907 entstandenes Werk des Wiener Sezessionisten Otto Wagner (1841-1918), der am Bau des für die damaligen Verhältnisse fortschrittlichsten und luxuriösesten Klinikkomplexes für psychisch Kranke in Europa beteiligt war. Dem in der Sonne zitronengelb leuchtenden Kupferdach der Kirche, dem sakralen Hauptwerk des Wiener Jugendstils, verdankt das Gelände seine volkstümliche Bezeichnung: „Limoniberg", auch „Monte Limone".

Während des Zweiten Weltkriegs erlangt das Krankenhaus traurige Berühmtheit. In mehreren Pavillons der Otto-Wagner-Klinik befindet sich nämlich die Kinderfachabteilung „Am Spiegelgrund“. Bis Kriegsende werden hier an die achthundert Kinder ermordet, viele von ihnen anschließend für „wissenschaftliche Zwecke“ regelrecht ausgeweidet und die Leichenteile, vornehmlich die Gehirne der Toten, in großen Einweckgläsern aufbewahrt.

Am 2. Mai 1978 kommt Erwin Böhm an diesem Ort zu dem für seinen späteren Lebensweg entscheidenden Schlüsselerlebnis. Es ist der Tag, an dem der Oberpfleger Böhm einen älteren, dementen Mann namens Steinmetz, den er jahrelang betreut hat, aus der Anstalt in dessen Wohnung begleitet. Hier geschieht das völlig Unerwartete: In der häuslichen Umgebung, die der scheinbar schwer kranke Herr Steinmetz dreißig Jahre lang nicht betreten hatte, greift er plötzlich zu seiner Geige und beginnt darauf zu spielen. Böhm geht ein Licht auf. Mit einem Mal erscheint es ihm möglich, so genannte „zwangseingewiesene, zwangsangehaltene und entmündigte Patienten“ wieder in ihre Wohnung zu entlassen.

Herr Steinmetz ist der erste von tausend „rehabilitierten“ Patienten, über die 1982 der *Kurier* schreibt und aus denen bis heute allein in Wien mehr als siebzehntausend geworden sind. Ihm folgen in den nächsten Wochen regelmäßig weitere Patienten, die Böhm im Alleingang, gegen den Rat der Anstaltsärzte und der Kollegenschaft und unter Androhung von Disziplinarverfahren, in ihr Milieu reintegriert. Böhm schreibt dem damaligen Gesundheitsstadtrat von Wien einen Brief mit der Bitte, sich diese neue Pflegeform etwas genauer anzuschauen und zu überprüfen. Sowohl der Stadtrat als auch der Anstaltsdirektor erachten das neue Konzept als förderungswürdig: Die Übergangspflege ist geboren. Mit ihr freilich kommt eine lange Liste weiterer Probleme und Fragen in die Welt: Dürfen Pfleger überhaupt außer Haus tätig werden? Was passiert bei einem Unfall? Was bei Fahrlässigkeit im Sinne einer pflegerischen Unterlassung oder Übertretungssünde? Zudem zeigt sich, dass die meisten Kollegen in der ersten Zeit Böhms Vorgehensweise skeptisch bis ablehnend gegenüberstehen. Böhm gilt in Kollegenkreisen als subversives Element, als Hauszerschlager, Hausauflöser. Eine graue Eminenz, die die Irren aus der Anstalt rettet, Betten freimacht und den anderen Pflegern ihren Arbeitsplatz wegnimmt. Ausdrückliche Unterstützung bekommt er vorerst nur von der Ärzteschaft.

Am 15. Mai 1978 hält Böhm ein zehnminütiges Kurzreferat für den psychosozialen Dienst (PSD) der Stadt Wien. Erst zehn Monate später, im März 1979, scheint sich auch das Personal von den mittlerweile erzielten Erfolgen motivieren und mitreißen zu lassen. Es ist die Zeit, in der sich auf höherer Ebene die Idee durchsetzt, in Wien die verwahrende Psychiatrie durch die Sozialpsychiatrie zu ersetzen. Zwar gibt es für die gewissermaßen nebenberuflich betriebenen Aktivitäten der Böhm-Gruppe noch kein Geld, doch immerhin lässt sich von insgesamt 920 Mitarbeitern in der Entwicklungszeit etwa ein Dutzend überzeugen, mitzumachen.

Im Mai 1979 hält Böhm auf Einladung der „Aktion Psychiatrie 80“ einen Vortrag über die Übergangspflege an der Wiener Universitätsklinik. Im Juni des selben Jahres schließlich erhält er die Genehmigung, die Übergangspflege als Modellversuch zu starten: „Meine linken Aktionen mit Zwangsangehaltenen erhielten gewissermaßen ein juristisches Fundament, nach der Devise: Wir lassen den Böhm gewähren, aber es darf nichts passieren, andernfalls wird der Versuch sofort eingestellt. Also niemand durfte sich ein Bein brechen, nichts durfte explodieren oder abbrennen. Dinge, die übrigens nie passiert sind.“

Erstmals wird auch die Öffentlichkeit über das in Fachkreisen bereits stark beachtete Projekt der Übergangspflege informiert. Es mehren sich die Zeitungsartikel über die Arbeit der „flügellosen Engel von Steinhof“, wie der *Kurier* die Böhm-Truppe drei Jahre später bezeichnet. Gleichzeitig handelt sich deren „Anführer“ ein erstes Disziplinarverfahren wegen „Beschädigung von gemeindeeigenem Inventar“ ein, nachdem er ein über einen Betteinsatz gespanntes Leintuch beschriftet hat.

Über die Praxis der Übergangspflege oder den „differenzialdiagnostischen Ausgang“, wie die therapeutische Begleitung aus dem Irrenhaus zurück in die Wohnung auch noch genannt wird, hat Erwin Böhm im Verlauf unserer Gespräche mehrfach berichtet: „Die Komplikationen begannen bereits, wenn wir die Leute auf den einzelnen Stationen abholten. Damals wurden diese Leute ja bei der Aufnahme total ausgezogen, alles wurde ihnen weggenommen und in den Schlüssel-, Geld-, Kleider-, Hut- und Schuhlagern deponiert. Wolltest du dann mit ihnen fortgehen, bedeutete das zunächst einmal anderthalb Stunden Arbeit, um ihre sämtlichen Sachen zusammenzusuchen, wie beim Militär. Und dann standest du plötzlich mit ihnen in ihrer häufig völlig heruntergekommenen Wohnung. Die musste also erst einmal entrümpelt und eventuell neu gestrichen werden, bevor man die Alten da wieder reinsetzen konnte. In der ersten Zeit schlugen diese Pläne völlig fehl. Denn damals wussten wir noch nicht, dass wir den alten Krempel nicht einfach wegschmeißen konnten. Heute weiß ich: Wenn du die Biografie eines alten Menschen entsorgst, kannst du ihn gleich mit wegwerfen. Je mehr du weggeschmissen hast, desto rückfälliger wurden die Alten. Solche Fehler sind uns, auch mir, damals dauernd passiert. Also, du kannst nicht mit der Mistgabel kommen und einfach alles entrümpeln. Folglich haben wir zunächst einmal darüber nachgedacht, woran es eigentlich liegt, dass jemand verwahrlost. So kamen wir zu dem Schluss, dass das mit seiner Biografie zusammenhängt. Fazit: Die Basissanierung einer Wohnung muss mit und nicht ohne den Patienten stattfinden, nicht gegen ihn. Damit begann für uns ein jahrelanger Lernprozess. Wir begriffen, dass vor der Wohnung erst einmal die verwahrloste Psyche des Patienten in Ordnung gebracht werden musste. Und nicht umgekehrt, wie wir das anfangs taten und wie es eigentlich weltweit üblich ist. So kam es, dass wir mit all dem eigentlich ein bisschen überfordert waren. Da gab es Leute, die jedes Koksei in Papier eingewickelt hatten, wie Weihnachtsgeschenke. Die mussten wir dann einzeln loswickeln, weil in einigen auch Geld oder Schmuck versteckt war.

In den Wohnungen also gab es Zores ohne Ende: das Chaos, der Geruch, die Alten, die Nachbarn, die nicht wussten, wer wir waren, die uns mit der Polizei drohten. Aber das war schon sehr spaßig, sehr lustig."

Besonders einzelne Anekdoten, die Böhm immer wieder gerne erzählt, lassen die erste Zeit der Übergangspflege im Nachhinein in einem geradezu komödiantischen Licht erscheinen. Eine der erstaunlichsten Geschichten handelt von einer gewissen Frau Kasparek und ihren roten Stöckelschuhen: „Die ersten Patienten, die wir nach Hause schleppten, waren Männer. Dann kam eines Tages diese Frau Löbeck, 85 Jahre alt, 45 Kilo schwer, mit Kehlkopfsonde. In der Wohnung lebte eine Freundin der Frau, die ich bat, auf die Löbeck aufzupassen. Als ich am nächsten Tag wiederkam, öffnete mir die 85-Jährige die Tür. Und dann stand sie vor mir, in roten Stöckelschuhen, wo ein Zehennagel mit Pilz rausschaute, und einem supermodernen Negligee, unter dem sie vollkommen nackt war. Sie fingerte an ihrer Sonde rum und sagte zu mir: ‚Na, gehen wir jetzt pudern?' Für mich war das damals ja noch alles neu, eine Patientin in ihrer Wohnung. Und die hab ich dann angeschaut und gedacht, vielleicht hab' ich mich ja verhört. Aber in der Aufmachung, in der sie da vor mir stand, war klar, dass sie tatsächlich mit mir Sex haben wollte. Ihre Freundin hat sie dann weggezerrt und gesagt: ‚Na, lass den Herrn Böhm doch erst einmal eintreten.' Aber dann hat sie dort gesessen, nackert, und ich wusste nicht, welches therapeutische Programm ich anwenden sollte. Nur mit absoluten Ablenkungsgesprächen ging die Sache halbwegs gut. Ich hatte ja keine Ahnung, was da lief, und war völlig überfordert. Das ging so weit, dass die Frau Löbeck sich über einen Versandhandel immer neue Reizwäsche bestellte. In der Folge hat mich bei jedem Besuch der Frau Löbeck eine Kollegin begleitet. Um herauszufinden, was dort ablief, beschlossen wir, uns etwas genauer mit der Biografie der beiden Frauen zu beschäftigen. Also setzten wir uns zusammen und redeten. Nach vier, fünf Tagen stellte sich heraus, dass die beiden Lesben waren und die Frau Kasparek bei ihrer Lebensbilanz festgestellt hatte, dass es vielleicht doch nicht so übel wäre, einmal mit einem Mann ins Bett zu gehen. Woraufhin meine Kollegin ihr zu verstehen gab, dass Sex mit Männern auch nicht das Wahre sei und einer Frau nur Schwierigkeiten einbringen würde. Nachdem wir ihr das in aller Ausführlichkeit erklärt hatten, besann sich Frau Löbeck tatsächlich wieder auf ihre lesbische Altliebe."

Eine andere Episode handelt von einer russischen Ärztin, Frau Dr. Gulekina – ein Fall, den Erwin Böhm in seinem Buch „Ist heute Montag oder Dezember. Erfahrungen mit der Übergangspflege" ausführlich beschrieben hat. Er erinnert sich: „Damals schlugen sich immer mehr Ärzte auf meine Seite, unter anderem Primarius Dr. Cöster, in dessen Abteilung diese russische Röntgenfachärztin lebte. Sie litt unter der paranoiden Vorstellung, in ihrer Wohnung von Röntgenstrahlen verfolgt zu werden. Dr. Cöster sagte zu mir: ‚Wenn du die Gulekina rehabilitierst, dann glaube ich an das, was du da tust, und bekommst weitere Zuweisungen.' Ich hatte damals nicht die geringste Ahnung, wie man bei Wahnvorstellungen vorgeht. Aber vielleicht hatte ich einfach größere Augen und größere Ohren als meine Kollegen. Bevor die Frau Doktor nämlich mit uns in ihre Wohnung fuhr, musste sie sich unbedingt Grieß besorgen, weil Grieß Röntgenstrahlen absorbiert. Über die Stiegen bis zur Wohnung hinauf und in der Wohnung selbst hat sie also überall Grieß verstreut. Was dazu führte, dass sie durch die Stärkung ihrer eigenen Abwehrmechanismen schlafen konnte. Woraus ich lernte: Wenn ich das verstärke, was der Patient selbst gegen eine Wahnsituation macht, dann geht es ihm noch besser. Zu dem Zeitpunkt wusste ich nicht, wie diese Therapie heißt, ob es das schon gab, ob das bereits irgendwo beschrieben war. Aus meiner Zeit im Rudolfiner-Krankenhaus kannte ich Dr. Frankl, den ich um einen Termin bat und der mir erklärte, dass er dieses Phänomen bereits analysiert und ‚paradoxe Intervention' genannt hatte. Er meinte: ‚Das kannst du ohne weiteres auf der Bühne erzählen, das steht alles in meinen Büchern. Aber für junge Menschen klingt das ein bisschen diffizil. Weißt du, was wir machen? Wir erfinden einfach ein neues Wort, und dann geht das.' So wurde der Begriff ‚Aktive Dissimulierungshilfe' geboren."

Mittlerweile sind rund vierzig nebenberuflich- und teilzeitbeschäftigte Pflegepersonen eingestellt worden. Böhms Crew steht sogar ein eigenes Dienstauto zur Verfügung, „nachdem mir eine Patientin in mein eigenes Auto gepinkelt hatte". Mitte des Jahres 1980 wird der Modellversuch als eigene Dienststelle in den psychosozialen Dienst der Stadt Wien integriert. Mit einem Mal dürfen die Pfleger auch ohne ärztliches Vorgabeschema und ohne Sozialhelfer rehabilitieren, nach ihrem eigenen Therapieplan: „Damit hatte ich zum Teil das erreicht, was ich wollte: die Emanzipierung der psychiatrischen Krankenpflege.!

Zu diesem Zeitpunkt stellt sich jedoch ein anderes Problem: „Die meisten meiner Mitarbeiter waren Pflegehelfer, die ich aus der alten Wärtermannschaft übernommen hatte. Es waren kaum Diplomierte dabei, und deswegen hat sich erneut die Gemeinde Wien eingemischt, weil diese Situation juristisch nicht haltbar war. Es hieß, ich müsse die Pflegehelfer rausschmeißen. Aber das wollte ich nicht, da diese Urwärter, diese Urviecher einen viel besseren Umgang mit den Patienten hatten, die ja auch meistens Urproleten waren. Einer meiner Mitarbeiter beispielsweise war nebenberuflich als Totengräber tätig. Der kam dann in seinen Stiefeln direkt vom Friedhof zum Dienst. Ich selbst bin ja eigentlich nicht der Prolet, als den ich mich heute oft und gerne verkaufe. Ich bin eher in Mittelschichten geschwommen, aber von den Proleten hab' ich eine Menge gelernt, etwa ihren Dialekt, den ich ja nie sprach. Diese alten Haudegen rauszuwerfen, das kam für mich nicht in Frage."

Um seine Wünsche durchsetzen zu können, greift Böhm auf einen juristischen Trick zurück. Er erfindet den Begriff „Praxisanleiter". Damit sind jene diplomierten Pfleger gemeint, unter deren Aufsicht Pflegehelfer arbeiten dürfen. Wien wird in vier Distrikte unterteilt, und für jeden Bezirk ist ein Praxisanleiter zuständig.

Gleichzeitig beschäftigt sich Böhm mit einem anderen, grundsätzlichen Problem der Übergangspflege. Schon 1979 hat er sich darüber Gedanken gemacht, wie man die Patienten schon im Vorfeld, also noch in der Anstalt selbst, auf die Übergangspflege vorbereiten kann. So beginnt die intramurale Pflegeforschung (also innerhalb der Institution), aus der sich später das psychobiografische Pflegemodell entwickelt. Auch ein weiterer Aspekt ist Böhm von Anfang an klar: die Notwendigkeit von Öffentlichkeitsarbeit. „Es genügt nicht, die Dementen bei Ausflügen und Urlaubsaktionen nach draußen zu bringen oder Patienten nach Hause zu entlassen." Gleichzeitig müsse die Anstalt dem Publikum ihre Tore öffnen, „um den Leuten ihre Angst vor dem Irrenhaus zu nehmen". So wird die Idee eines jährlichen Übergangspflege-Balls geboren. Gleich der erste Abend, die 1984 zum fünfjährigen Bestehen der Übergangspflege veranstaltet wird, ist mit über 450 Gästen total ausverkauft. In den folgenden Jahren avanciert der Ball zum gesellschaftlichen Highlight des Psychiatrischen Krankenhauses schlechthin.

Mit der gleichen Intensität kümmert sich Böhm um die Belange seines Personals. Um die Gruppe zusammenzuschweißen, werden gemeinsame Ausflüge, beispielsweise nach Budapest, organisiert. Ab 1982 bekommen Laienpfleger, die die Patienten nach der Entlassung aus der Anstalt in ihren Wohnungen betreuen, erstmals Fortbildungskurse angeboten. Parallel und auf die bisher gemachten Erfahrungen aufbauend beginnt Böhm mit der Arbeit an seinem ersten Buch, das 1985 unter dem Titel „Krankenpflege. Brücke in den Alltag" erscheinen wird.

Der Erfolg fordert von Böhm einige Opfer. Seine durchschnittliche Arbeitswoche zählt siebzig Stunden, in denen er drei fließend ineinander übergehende Berufe ausübt. Erstens ist er als Oberpfleger auf der Baumgartner Höhe tätig, zweitens sind seine Nachmittage mit den Pflichten eines Pflegedienstleiters der Übergangspflege gefüllt, und drittens betreibt er im außerklinischen Bereich zusätzliche Forschungen für sein Modell. Eine Art Flucht in die Arbeit, die sich nicht nur mit beruflichen Ambitionen, sondern auch durch seine bereits beschriebene angespannte familiäre Situation erklären lässt.

Unser kurzer Besuch an seinem ehemaligen Arbeitsplatz hat Erwin Böhm nachdenklich, beinahe melancholisch gestimmt. Trotz der nicht zu leugnenden Erfolge seines Therapiemodells fällt sein vorläufiges Fazit über die spätere Entwicklung der Übergangspflege eher ernüchternd aus: „Über die Übergangspflege hab' ich später nie mehr gesprochen. Wenn du sagst, du könntest einen Morbus Alzheimer in die Wohnung rehabilitieren, werden alle narrisch: die Politiker, die Schwestern ... Das, was man in einer Klinik tun könnte und worüber ich heute rede, ist weit von dem entfernt, was ich damals in der Praxis machte. Streng besehen gibt es das gar nicht, was ich unter psychogeriatrischer Pflege verstehe. Wenn ein Schwesterlein, das sich heute angeblich für Geriatrie interessiert, in einer dieser völlig verwahrlosten Wohnungen sitzt, ist es komplett verloren. Diese Hascherln wollen alle nur liebe alte Mütterchen kämmen, aber die tatsächliche Situation halten die gar nicht aus. Mit unseren Kursen versuchen wir zwar immer wieder, ein paar fähige Praktikerinnen zu erwischen, aber das gelingt uns nur äußerst selten. Mit Liebe zu den alten Menschen hatten unsere Aktivitäten nichts zu tun, sondern mit Interesse, Neugier. Also die leuchtenden Augen der Patientinnen zu sehen, wenn die wieder in der eigenen Wohnung waren. Meist handelte es sich ja um Frauen, weil die Männer Gott sei Dank früher gestorben waren. Aber die hatten kein Geld, nix. Die wollten mir, ihrem ‚Herrn Chauffeur', dann einen Kaffee zubereiten, aber es war nichts da, und dann meinten sie: ‚Oh, wie schaut's denn hier aus? Bestimmt sind Einbrecher da gewesen.' Also sind wir dann mit denen irgendwo in der Nähe einen Kaffee trinken gegangen, den wir auch noch selbst bezahlt haben. Wer würde das denn heute noch tun? Aber auf diese Weise haben wir gelernt, dass wir den Alten in der Anstalt immer nur das Falsche anbieten. Das Gegenteil dessen, was sie eigentlich brauchen."

Nach dem Mittagessen gehen wir noch einmal in die Anstalt zurück, ins „Übergangspflege-Büro". Hier treffen wir Gerhard Rott, einen von Böhms Schülern, der 1993 die Leitung der Wiener Übergangspflege übernahm. Er spricht von der guten Arbeitsatmosphäre zu Böhms Chefzeiten. Eine Aussage, die von Elisabeth und Corinna, zwei weiteren Mitarbeiterinnen, bestätigt wird. „Früher war das Büro viel kommunikativer, es war viel mehr Leben drin." Was aber auch mit der veränderten Klientel zusammenhängt. Da mittlerweile zahlreiche andere Betreuungseinrichtungen zur Verfügung stehen, bleiben „die klassischen Verwahrlosten, die Dementen mit Impulsgebung, weg", wie Elisabeth feststellt, die den alten Zeiten förmlich nachtrauert: „Ach, ich hätte gerne mal wieder so eine schöne verwahrloste Wohnung mit einer irrsinnig schönen Geschichte dahinter. Das gibt's heute leider nicht mehr." Und wie hat sie ihren ehemaligen Vorgesetzten in Erinnerung? – „Erwin hat mich gleich vom ersten Moment an stark beeindruckt. Er war sehr präsent, hat sich Zeit genommen. Obwohl er der Chef war, hab' ich ihn nie in dieser Rolle erlebt. Sein Büro war der Ort, wo man zusammen reden konnte. Wo einem in den Arsch getreten und auf die Schulter geklopft wurde. Das Schwierigste für mich war, dass er häufig seine Meinung änderte ... nein, man muss es anders formulieren: Er kam ständig mit neuen Ideen, etwa zur Lehrerausbildung. Und er hat auch selbst ständig dazugelernt. Die Lehrerskripte wurden immer weiter ausgebaut, alle drei bis vier Monate musste man um- und nachlernen. Aber am Grundkonzept wurde nie etwas geändert. Als er dann in Pension ging, dachte ich: Oje! Jetzt geht die Übergangspflege ein!“

An diesem Punkt greift Erwin Böhm ein, um seine Devise im Umgang mit den Mitarbeitern in zwei prägnante Sätze zu fassen: „Ich geh’ meinen Weg. Entweder du gehst mit oder du lässt es sein!“ Um anschließend noch einmal ein wenig erfreuliches Teilresümee zu ziehen: "Es ist mir in 41 Jahren nicht gelungen, die Schwestern zu emanzipieren. Irgendwann wurde mir klar: Das geht nicht! Die wollen das nicht! Dafür sind sie zu unerfahren. Also brauchten wir Kurse für Anfänger, die nie eine verwahrloste Wohnung gesehen haben, die nicht wissen, was ein Herrgottswinkel ist ...“

Wilder Hund

Noch ein strahlender Wintertag. Der Schneeberg präsentiert sich wie auf einem silbernen Tablett. Am Nachmittag wollen wir hinfahren, falls das Wetter hält; durch Gloggnitz ins Höllental zwischen dem Wiener Hausberg Rax und besagtem Schneeberg. In den letzten Tagen habe ich mehrmals den Wunsch geäußert, mir mit eigenen Augen die Schutzhütte anzusehen, in der Erwin Böhm angeblich gezeugt wurde. Als könnte ihr Anblick oder gar das Betreten dieses Ortes mir zusätzliche Erklärungen zum besseren Verständnis von Böhms Werdegang liefern. Möglicherweise erwarte ich zu viel. Aber da ich nun schon einmal hier bin, will ich so viele „Tatorte" wie möglich aufsuchen. nachspüren. Wer weiß, wozu das alles noch gut sein wird.

Heute soll Erwins dritte Frau die Befragte sein. Sie hat in den letzten Tagen schon mehrfach an unseren Gesprächen – und nicht nur gelegentlich an den gemeinsamen Tischtennispartien – teilgenommen, meist mit „wohlwollender Neutralität", wie es in der Freudschen Psychoanalyse-Sprache heißt. Hin und wieder korrigiert sie eine von Erwins Behauptungen, steuert eine Jahreszahl bei, ergänzt ein Datum oder einen Namen, die ihrem Mann entfallen sind. Einmal jedoch will ich mich mit ihr allein unterhalten, ohne dass Erwin daneben sitzt. Lores Version ihrer beider Geschichte hören, ihre ganz persönliche Sicht der Dinge erfahren.

Ich schlage vor, dass wir ganz von vorne beginnen.

„Kein Problem", sagt Lore.

HanneloreWeberwirdam24.November 1941 in Wien-Ottakring geboren, als sechstes von neun Geschwistern. Ihr Vater ist Sattler und Tapezierer, später LKW-Marktfahrer, ihre Mutter Näherin und Hausfrau. Sie wächst in der französischen Zone auf und beginnt nach dem Volksschulabschluss eine Schneiderlehre. Mit 21 heiratet sie einen zwei Jahre jüngeren Mann und übernimmt einen besser bezahlten Bürojob. Zwei Söhne werden geboren.

Als sie Erwin Böhm im Mai des Jahres 1982 kennen lernt, ist Lore seit drei Jahren geschieden. Sie arbeitet als Sekretärin in einem Wiener Heimhilfsdienst. Zu dieser Zeit hält Böhm im 1. Wiener Bezirk Fortbildungskurse für Heimhilfen ab. Ihre erste Begegnung hat Erwin mir zwei Tage zuvor mit folgenden Worten beschrieben: „Ich fuhr mit der Straßenbahn zu diesem

Kurs, und eines Tages saß die Lore mir im Tramwagen gegenüber. Hübsches Kind, dachte ich, und hab' auch gleich mit ihr zu reden begonnen. Sie sagte, sie habe einen Termin, genau wie ich, und als ich dann in die Klasse reinkam, saß sie dort in einer Bank, als Schülerin. Das war an einem Montag. Zwei Tage später, am Mittwoch, lud ich sie auf einen Kaffee ein und teilte ihr mit: ‚Also, wir werden das folgendermaßen machen: Wir werden heiraten!' Worauf sie erwiderte: ‚Man merkt, dass Sie aus der Psychiatrie kommen. Sie sind ein wenig deppert.' – ‚Ja', sagte ich, ‚aber wir werden trotzdem heiraten. Vorher muss ich mich nur noch scheiden lassen.' Daraufhin hat sie mich ausgelacht. Aber drei Monate später war ich geschieden, und am 25. August 1982 haben wir Hochzeit gefeiert."

„Ja, genau so war es", bestätigt Lore. Außer dass diese erste Begegnung ihres Wissens im Februar und nicht im Mai 1982 stattgefunden habe. Aber alles andere stimme. Dass sie seinen überstürzten Heiratsantrag zunächst nicht ernst genommen habe, weil er ja aus dem Narrenhaus gekommen sei. Dass sie da aber bereits gewusst habe, wie schlecht es um seine Ehe stehe, und „er ständig was mit irgend welchen Schwestern gehabt hat".

Tatsächlich ist Böhms Ansehen in diesen Jahren nicht das allerbeste. Woran Lore sich jedoch nicht stört: „Unter uns Bürokolleginnen war Erwins Ruf ein schrecklicher. Der und die Frauen, hat's immer geheißen, moralisch ganz schrecklich! Aber die Psychiatrie hatte sowieso einen schlechten Ruf, mir war das egal. Mit Erwin hat man, wie bis heute, immer was zu lächeln gehabt. Bei seinen Vorträgen hat er einfach vor sich hin geredet und alles durcheinander gebracht. Aber das ist niemandem aufgefallen. Ich hab's allerdings gemerkt, denn ich war immer schon eine gute Zuhörerin. Also hab' ich genau gehört, was er falsch gesagt hat, was nicht stimmen konnte. Das ist bis heute so: Er meint's richtig, aber er sagt's halt verkehrt, weil das ihm irgendwie Spaß macht."

Mit Lore jedoch meint Erwin es ernst. „Wenn er im Büro anrief, hat er zwar seinen Namen verschwiegen, doch meine Kollegin hat ihn gleich an der Stimme erkannt und mich vor ihm gewarnt: ‚Das kann nur der Böhm sein! Du, pass auf, dass der dir nix tut.' Um keinen unnötigen Tratsch aufkommen zu lassen und die Sache offiziell zu machen, bat ich ihn, zu meiner Chefin zu gehen, die ein großer Fan von ihm war, und um meine Hand anzuhalten. Denn meine Eltern haben ja damals schon nicht mehr gelebt. Also rief er an einem Freitagnachmittag nach Arbeitsschluss bei ihr an und bat um einen Termin. Sie hatte nicht die geringste Ahnung, worum es ging. Er kam dann hin, brachte einen Blumenstrauß mit und hielt um meine Hand an. Meine Chefin hat fast der Schlag getroffen. Sie traute ihm zwar einiges zu, aber das ... Schließlich willigte sie ein, unter einer Bedingung: Wenn ich im Heimhilfsdienst weiterarbeite, darf er mich haben."

Aber da wäre auch noch Elisabeth, die Rothaarige. Erwin hat sie ein- oder zweimal beiläufig erwähnt, als von den ersten Aktionen seiner Übergangspflege-Truppe die Rede war. Mit Einzelheiten rückt er erst heraus, als ich ihn später noch einmal und mit Nachdruck auf die Rothaarige anspreche. „Elisabeth hatte von unserer Arbeit gehört und wollte da mitmachen. Sie war auch optisch eine spektakuläre Erscheinung. Das führte zu einer neun Jahre andauernden sexuellen Freundschaft. Ihre Biografie, ihr Verhalten, ihre Ausstrahlung – das alles war für mich äußerst interessant. In den ersten Jahren war sie ein wichtiger Teil meiner Arbeit und meiner Weiterentwicklung. Sie hat einfach alles mitgemacht, den Alten und mir zuliebe. Wir hatten eine Art gegenseitiges Geschäft abgemacht. Weil sie meine Freundin war, nahm sie selbstverständlich auch am Aufschwung ihres Chefs teil; ich profitierte von ihr, weil sie für mich verschiedene Angelegenheiten auf den diversen Ämtern regelte und mich regelmäßig zu Konferenzen mit unseren Vorgesetzten begleitete. Von Elisabeth lernte ich nämlich, wie man Männer führt. Wie Frauen ihre Weiblichkeit als Kampfmechanismus einsetzen, um Männer hereinzulegen. Ihre Tricks, ihre Copings waren einfach unglaublich. Anfangs glaubte ich gar nicht, dass das funktioniert. Aber ich musste mich eines Besseren belehren lassen. Wenn wir beispielsweise eine Besprechung hatten, trat ich in Anzug und Krawatte an und redete schön daher, während sie im Minirock ankam und behauptete: ‚Die Männer schauen eh nur auf meine Haxen, und was wir reden, ist scheißegal.'"

Als eines Tages Lore in Erwins Leben tritt, ist es mit der Eintracht naturgemäß vorbei. Elisabeth reagiert mit der ihrem Charakter gemäßen Heftigkeit. Erwin erinnert sich: „Eines Nachts kam sie mit ihrem 2CV auf das Anstaltsgelände und versuchte, Lore und mich zu überfahren. Reaktionsschnell habe ich Lore ins Gebüsch geworfen und bin hinterher gesprungen. Bei einer anderen Gelegenheit betrat Elisabeth den Raum, in dem wir gerade eine Teamsitzung abhielten, nahm wortlos ein Bild von der Wand, trat vor mich und haute es mir mit dem Rahmen auf den Kopf."

Eine weitere Elisabeth-Episode, die Erwin verschwiegen hat, bekomme ich von Lore erzählt: „Eines Tages hab' ich dem Erwin, der bekanntlich Süßspeisen über alles liebt, Marillenknödel gemacht und zum Abendessen – er hatte Nachtdienst – in die Anstalt gebracht. Und als wir da auf dem Flur stehen, kommt plötzlich eine rothaarige Frau angerauscht, wie eine Furie, beschimpft ihn aufs Ärgste und verpasst ihm eine Ohrfeige. Da wusste ich: Das ist seine Geliebte gewesen, die gekränkt war, weil er jetzt eine andere hatte. Die war so wild, dass ich dachte, die erwischt mich auch noch. Dass das Verhältnis der beiden nun endete, war eine Katastrophe für sie, weil es ihr immer auch darum gegangen war, sich an Erwins Seite ein bisschen wichtig zu machen."

Böhm, die Frauen und der Beruf. Einmal mehr ist das Interesse der Partnerin an seiner Arbeit nicht die schlechteste Voraussetzung für das künftige gemeinsame Leben mit der Neuen. Mit dem Unterschied, dass Lore uneigennütziger denkt als ihre Vorgängerin. „Neugierig, wie ich nun einmal bin, hab' ich die Ohren gespitzt und viel gefragt, was er tut und so. Dabei hab' ich eine Menge gelernt, was im Büro allerdings zu neuen Problemen führte, weil ich plötzlich viel besser Bescheid wusste als meine Kolleginnen. Daraufhin bin ich bei denen sehr unbeliebt geworden, auch privat hat keine von denen mehr mit mir sprechen wollen. In dieser Situation war ich froh, dass ich beim Heimhilfsdienst aufhören und mit Erwin etwas Neues anfangen konnte."

Nach der Hochzeit zieht Böhm bei Lore und ihren beiden Söhnen ein. Christian, sein eigener Sohn, lebt weiterhin bei Sonja, der Mutter. Martina, Erwins Tochter, hat mittlerweile mit einem Freund einen eigenen Haushalt gegründet. In Lore hat Erwin endlich die Partnerin gefunden, die seine privaten und beruflichen Interessen teilt, mit der er eine gemeinsame Zukunft planen kann, der er nichts mehr beweisen muss.

Bei einem späteren Gespräch wird sich Erwin selbst zu dieser Situation äußern: „Als ich Lore kennen lernte, schwamm ich bereits auf dem Fahrwasser des Berühmtwerdens. Somit war das eine fertige Situation. Sie sagte nicht, wir lieben uns jetzt zu Tode, nein, ganz im Gegenteil. Sie sagte, komm, du machst deine Arbeit weiter, ich werde deine Geschäftsführerin. In unserem Alter kann man nicht die himmelhoch jauchzende Liebe spielen wie mit 19. Und so führen wir seither eine halb thymopsychische, halb noopsychische Ehe."

Dazulernen werden die beiden trotzdem, wie Lore ergänzt: „Ihm war wichtig, dass ich klettern lernte, ihn auf seinen Touren in die Berge begleiten konnte. Und ich wollte unbedingt, dass er tanzen lernt. Ohne Tanzen möchte ich nicht durchs Leben gehen. Also haben wir gemeinsam einen Tanzkurs besucht. Das war köstlich. Er beherrschte keinen Wechselschritt und hüpfte ständig rum wie ein Geißbock. Den Wechselschritt hat er dann immer heimlich geübt, im Aufzug auf der Station, während er hinauf- und hinuntergefahren ist, damit er das endlich begreift. Aber heute kann er's, tadellos. Später sind wir dann bei Dorffesten aufgetreten, haben zweimal an Tanzwettbewerben teilgenommen und sogar gewonnen. Inzwischen macht das Tanzen wie das Klettern uns beiden Spaß."

Aber wie Erwin denn nun als Ehemann, als Privatmann sei, möchte ich von Lore wissen. Wie sie ihn beschreiben würde, wie sie im Alltag mit ihm, der doch so häufig als unbequemer, querköpfiger Zeitgenosse, als „wilder Hund" beschrieben wird, auskomme. Sie braucht nicht lange zu überlegen.

„Im Allgemeinen ist Erwin ein beliebter, angenehmer Mitbürger. Nur dumme Leute, die hält er nicht gut aus. Und offenbar bin ich gescheit genug, damit er mit mir klarkommt. Er hat seine Ziele, seine Vorstellungen, und die hab' ich zu meinen gemacht, weil's mir recht war. Wir sind beide sehr schnell in den Entscheidungen, brauchen nicht stundenlang zu diskutieren, wenn's was Neues gibt. Wir sind in ein paar Minuten damit fertig und haben wieder Zeit für etwas anderes."

In den ersten Jahren nimmt Lore aus nächster Nähe an Erwins beruflichen Tätigkeiten teil. Jahrelang besucht sie die monatlichen Sitzungen für Heimhilfs- und Pflegepersonen. Auch an Veranstaltungen, beispielsweise den Faschingsbällen im Festsaal der Anstalt, beteiligt sie sich aktiv. „Das waren rauschende Feste für die Betreuenden, die Angehörigen und Freunde der Patienten. Aber es bedeutete auch eine Menge Arbeit, denn wir haben alles selbst organisiert. Zwar wurde ein Koch engagiert, aber das Geschirr mussten wir am nächsten Tag selbst abwaschen. Auch die Tombolaspenden haben wir selbst erbetteln müssen."

Und Erwins Schwächen?

„Er kann so schlecht Nein sagen. Wenn ihn jemand um etwas bittet, dann macht er das. Ich muss immer wieder mit ihm schimpfen, damit er nicht jedes Mal sofort zusagt. Sein Problem ist, dass er noch kämpferischer wird, sobald er merkt, dass seine Kraft nachlässt. Dann ist er fix und fertig und laufend krank. Aber wenn ich den richtigen Ton treffe, dann hört er durchaus auf mich. Er lässt sich von mir sehr wohl etwas sagen, ich muss nur warten, bis er bereit ist, mir zuzuhören. Manchmal jedoch ist er nicht erreichbar, wenn er sich bis zum Letzten verausgabt hat. Er quetscht immer das Äußerste aus sich heraus. Eine andere Sache ist die, dass er nicht allein leben könnte, ja, kaum alleine schlafen kann. Es irritiert ihn, wenn niemand neben ihm liegt, dann fühlt er sich nicht wohl. Eigentlich ist er ein bequemer Mensch, der verwöhnt werden will, der Aufmerksamkeit geschenkt haben möchte. Auch in der Freizeit geht er nirgendwo alleine hin, er ist eben kein Einzelgänger, sondern ein Führer, der ohne Gefolgschaft halt nirgendwohin führen kann. Aber sobald ein paar Menschen hinter ihm stehen, sprüht er. Dann funkt es, und ständig kommen ihm neue Ideen. Diese Eigenschaft zeigt sich immer wieder. Kaum tritt Erwin irgendwo auf, laufen die Leute ihm hinterher. Sogar die Tiere werden von ihm angezogen. Der Grund dafür ist, dass er großes Vertrauen vermittelt und jeder sich auf ihn verlässt. Wenn er ein schlechter Mensch wäre, könnte er problemlos alle ins Unglück stürzen. Außer ihm kenne ich niemanden, der so absolut überzeugend ist. Möglicherweise hat das auch mit mir zu tun. Eine Schweizer Freundin sagte einmal zu mir: ‚Der Erwin lebt von deiner Energie.‘ Und manchmal kommt es mir selbst so vor. Dann frage ich mich, wieso ich so müde bin, wenn er den ganzen Tag gearbeitet hat. Doch in unserem Fall funktioniert das, weil ich nicht die Ambition habe, mich selbst verwirklichen zu müssen. Ich ziehe es vor, die Partnerin zu sein. Unter der Voraussetzung, dass mir das passt, was der andere tut.“

Am Nachmittag zieht der Himmel sich zu. Leichter Schneefall. Wir fahren trotzdem, dick in Wintermantel und Schal gehüllt, hinaus Richtung Schneeberg. Nebel umhüllt die Felsspitzen und die Wipfel der kahlen Bäume. Erwin erzählt, dass er diese Gegend schon als Schulkind kennen gelernt hat. Damals, kurz nach Kriegsende, beteiligte sich sein Vater an Arbeiten des Wiener Tourismusvereins, der hier Eisenleitern anbringen und andere Sicherungsmaßnahmen vornehmen ließ. „Hier liegen meine Wochenendwurzeln“, sagt Erwin. Mit nostalgischem Unterton berichtet er von Matratzenlagern in Schutzhütten, in denen die Arbeiter untergebracht waren. Später kommt er selbst regelmäßig hierher: „Besonders, wenn es mir schlecht ging, hab’ ich mich auf mein Motorrad gesetzt und bin ins Höllental gefahren.“

Doch die Berge bieten Erwin Böhm seit jeher mehr als nur Erholung und mitunter auch Trost. In seiner Funktion als Oberpfleger integriert er, der sich selbst als „Schutzhüttenfanatiker“ bezeichnet, sie in den siebziger und achtziger Jahren bewusst in seine Ausbildungsmethode: „Ich hatte ja eine Kletterausbildung, war Kletterführer. Und so kam ich auf die Idee, meine Mitarbeiter zu Kletterkursen zu verdonnern, woraufhin die Gewerkschaft natürlich ‚Skandal! Skandal!‘ schrie. Ich hab's trotzdem gemacht. Wir gründeten sogar einen Kletterverein in der Anstalt, den Club St. Einhof. Und auf einmal war ich tatsächlich der Chef! Derjenige, der das Seil hielt, der Herr über Leben und Tod. Wichtig war, dass das nicht an unserem Arbeitsplatz geschah. Zunächst hab' ich meine Leute über die österreichischen Berge geschleppt, später in die Dolomiten. Noch später fuhren wir mit der Seilbahn hoch, weil ich ja nicht alle zu Fuß auf die Berge raufbringen konnte. Dort oben, wo niemand sich verdrücken oder flüchten konnte, hielten wir dann unsere Seminare ab. Oft blieben wir auch über Nacht.“

Allerdings verbindet Böhm nicht nur angenehme Erinnerungen mit den Bergen. Er lässt sich mehrmals bitten, bevor er, auch auf Lores Drängen hin und irgendwann später einmal, von seinen beiden schweren Kletterunfällen erzählt.

Der erste passiert 1974, am niederösterreichischen Peilstein. Beim Abstieg vergisst er sich an einer Schlüsselstelle auszuhaken, rutscht aus und hängt im Nu verkehrt an den Sicherungsseilen in der Wand: „Mit dem Kopf nach unten, und der erste Halswirbel war im Arsch! Anschließend war der linke Arm gelähmt, nicht völlig, aber inkomplett, wie man sagt. Der Arzt schlug eine Operation vor, aber ich war dagegen. Mit meiner neurologischen Vorprägung wusste ich, dass nach einer Operation möglicherweise auch die Füße nicht mehr funktionieren. Mit Bewegungsübungen und purer Willenskraft hab' ich mich schließlich selbst geheilt, auch wenn mein linker Arm bis heute über weniger Muskelkraft verfügt als der rechte. Das Wichtigste aber ist, dass man sofort wieder klettern geht, sobald die Hände und Arme wieder einigermaßen in Ordnung sind.“

Es folgen „ein paar klettertechnisch schöne Jahre“. Zumal nach der Hochzeit mit Lore, als Böhm endlich nicht mehr, wie zur Zeit der Ehe mit Sonja, „allein durch die Welt reisen muss“. Der zweite Unfall geschieht 1992, am Teufelsgrat in der Hohen Wand. „Ich wollte Lore in nur wenigen Metern Höhe eine besonders schwierige Einstiegstelle zeigen und bin wieder runtergefallen. Gott sei Dank hat sie die Nerven behalten und mir Tupfer in die offene Wunde am Hintern geschoben. Nach dem fünften Tupfer allerdings wurde ich ohnmächtig. Zwei andere Bergsteiger hatten den Zwischenfall beobachtet und holten den Rettungswagen, was eine Weile dauerte, denn das war noch vor der Zeit des Handys."

Als die Wunde verheilt ist, fährt Böhm ein Jahr lang immer wieder hin, um die Angst zu besiegen: „Jedes zweite Wochenende hinfahren, auspacken, einpacken und gleich wieder nach Hause fahren, weil es nicht klappte. Dann endlich hat's mir wieder angstfrei Spaß gemacht."

Auch heute hat die Freude am Klettern beim über Sechzigjährigen noch nicht nachgelassen, obwohl das Alter seinen Tribut fordert: „Man muss einfach akzeptieren, dass die Touren kürzer und einfacher werden, dass man die doppelte Zeit braucht und an das Grenzlimit von früher nicht mehr herankommt. Aber so äußert sich die so genannte Altersweisheit: Akzeptieren, dass es nicht mehr so geht wie einst."

In New York

Die achtziger Jahre sind anstrengende, aber auch erfolgreiche Jahre. Böhm lässt nicht locker; bald erntet er die ersten Früchte seines Engagements. Sein neues, für viele revolutionäres Modell der reaktivierenden Pflege setzt sich nach und nach durch, findet Anerkennung in höchsten Kreisen, auch bei den maßgeblichen Politikern. Aber so neu sind seine Ideen eigentlich nicht, und schon gar nicht revolutionär. Er selbst hat bereits 1979 erkannt, „dass die Irren eigentlich aus den Anstalten entlassen gehören".

Die Grundidee, die Spitäler zuzusperren und die Patienten aus den Kliniken zu entlassen, geht ursprünglich auf Dr. Franco Basaglia zurück. Dieser italienische Psychiater leitet Anfang der siebziger Jahre in Triest eine Klinik und trifft irgendwann die spontane Entscheidung, dieses Haus zu schließen und sämtliche Patienten zu „rehabilitieren". Fortan gilt Basaglia als Nestor der Psychiatriereform. In halb Europa zirkulieren Vorstellungen über eine umfassende Reform der Psychiatrie, die in den Begriff Sozialpsychiatrie münden. In einzelnen Ländern kommt es zu einer Art Nachahmungseffekt, ohne dass sich genauer mit Basaglias Konzepten befasst wird.

Das ist Böhms große Chance: „Eigentlich hatte Basaglia gar kein therapeutisches Konzept, worauf ich allerdings erst Jahre später kam. Zwar passte die Schließung der Krankenhäuser in mein humanistisches Programm, doch das durfte nicht ohne Konzept geschehen. Und so entstand dann mein Modell."

Als „sein Kind" endlich auf stabilen Beinen steht, arbeitet Böhm an dessen Weiterentwicklung. Er eilt von Seminar zu Seminar, von Vortrag zu Vortrag. Etwa zu den Nonnen in Mariatrost bei Graz. Auch hier, in dem beliebten Wallfahrtsort in der Steiermark und einem der bekanntesten Klöster von ganz Österreich, spricht er vor vollem Haus. „Doch als ich von der Bühne herab in den mit 250 schwarz gekleideten Schwestern besetzten Saal schaute, bin ich richtig erschrocken. Denen soll ich also etwas über meine neuen Pflegepraktiken erzählen? Aber gut! Doch schon nach zehn Minuten kippt mein Hochdeutsch, wie immer in solchen Situationen, ins Wiener Idiom um. Doch als ich auf einmal von ‚alten Weibern' spreche, beginnen die Nonnen zu lachen. Und als ich von den ‚Arsch-Krankenpflegern' reden, lachen die Nonnen immer noch, während ich mich immer schlechter fühle, weil ich ja genau das Gegenteil von ihnen erwartet hatte. In der Mittagspause sitze ich dann neben der Oberin, die mir zuflüstert: ‚Wissen Sie, Herr Böhm, Sie sind der wunderbarste Referent, den ich jemals kennen gelernt habe. Aber vom katholischen Glauben haben Sie keinen blassen Schimmer.' – ‚Wie kommen Sie darauf?', frage ich. Und sie erwidert: ‚Nun, der katholische Mensch macht das, was gerade in Mode ist. Das, von dem behauptet wird, dass es gut für die alten Menschen ist. Früher lautete die Devise Warm-Satt-Sauber – also machten wir das. Jetzt sagen Sie, man soll die alten Weiber in den Hintern treten – also machen wir nun das. Und Ende! Wo haben Sie Ihr Problem?' Für mich war das hochinteressant. Weil ich begriff, dass der echte Klerus nicht unter der christlichen Nachhol-Neurose leidet, die den weltlichen Gläubigen normalerweise quält."

Ein weiteres Böhm'sches Aktionsfeld sind Autobusreisen mit Pensionärsklubs, die Erwin, meistens in Lores Begleitung, in diesen Jahren unternimmt: „Meine primäre Klientel waren und sind ja die Demenzpatienten. Aber stimmt das alles, was man so über normale Alte, über Gerontologie liest? Um das herauszufinden, und weil ich ja eigentlich ein empirischer Forscher bin, musste ich mich mit normalen alten Menschen beschäftigen. Und die lernt man am besten kennen, wenn man sich mit ihnen zusammen in einen Bus setzt, in einen geschlossenen Raum. So unternahmen wir dann Urlaubsreisen zum Billigsttarif quer durch Österreich, nach Südtirol, Italien. Ich konnte die Überlebensstrategien der alten Menschen studieren, wie sie sich ihr Essen organisieren, wie sie sich in fremder Umgebung verhalten, wie weit sie sich bei Spaziergängen in ihnen unbekannten Städten vom Bus entfernen, wie sie Sprachbarrieren überwinden. Bei dieser Gelegenheit wurde mir zudem klar, dass solche Reisen und nicht etwa das Auswendiglernen von angelesenem Wissen eines der besten Gedächtnistrainings für Alte sind. Und so kam ich zu der Überzeugung, dass in Krisenzeiten, sagen wir mal im Falle eines nächsten Weltkrieges, die Alten und die Dementen überleben würden und nicht die Jungen. Die schreiben zwar viel über das Alter, doch nicht über das tatsächliche Alter, sondern über ihre Vorstellung davon. Führt man diesen Gedanken weiter, so stößt man auf die Gründe, weshalb die Kosten für das Gesundheitswesen in der westlichen Welt explodieren. Weil den Alten nämlich lauter Sachen angeboten werden, die kein Schwein braucht. Achtzig Prozent des Angebots sind sinnlos, aber das will kein Politiker hören, weil jeder nur die nächste Wahl gewinnen und nicht etwas Sinnvolles für das Volk tun will."

„Halt!“

Es tut mir leid, dass ich Erwin in seinem Redeeifer bremsen muss –

„Aber wollten wir nicht irgendwie chronologisch vorgehen?“

„Gut“, erwidert er. „Wo waren wir stehen geblieben?“

„Etwa Mitte der achtziger Jahre, wenn ich mich nicht irre.“

„Das passt. 1983 wurde mir das silberne Verdienstabzeichen der Stadt Wien verliehen. 1984 entließen wir den 1.500. Patienten nach Hause und ich wurde, stellvertretend für das gesamte Team der Wiener Übergangspflege, mit dem Hauptpreis der Anton-Benya-Stiftung ausgezeichnet. Im darauffolgenden Jahr erschien mein erstes Buch: ‚Krankenpflege. Brücke in den Alltag‘.“

„Und wie kam es dazu?“

„Durch Professor Dörner.“

Klaus Dörner, Arzt und Chef der Psychiatrischen Klinik Gütersloh, hat die deutsche Reformpsychiatrie geprägt wie kein Zweiter. Er ist ein Freund von Professor Gabriel, Böhms damaligem Klinikchef, und über diesen Weg wissenschaftlicher Sponsor und Mentor von Erwin Böhm, der in dieser Zeit verschiedene Disziplinarverfahren am Hals hat. Eines Tages meint Dörner, der mit dem Widerstand der Pfleger gegen die beabsichtigte Reform zu kämpfen hat, es sei gescheit, jemanden aus dem Kreis ebendieser Pfleger auf die Bühne zu stellen. So kommt es, dass Erwin Böhm, was eigentlich gar nicht zulässig ist, als Pfleger auf einem Ärztekongress auftritt und über seine Arbeit berichtet.

Dörner ist begeistert: „Das musst du alles aufschreiben und veröffentlichen.“

Anfangs wehrt sich Böhm, der sich ja für einen Legastheniker hält, erinnert sich dann aber an die Notizen, die er seit drei, vier Jahren insgeheim niedergeschrieben hat.

Glücklicher Zufall: Dörner betreibt einen kleinen, mit seinem Privatgeld finanzierten Verlag, den Psychiatrie-Verlag. Hier erscheint Böhms Manuskript 1985 in Buchform, nach nicht wenigen Querelen: „Das Lektorat schickte mein ursprüngliches Skript zurück: unredigierbar! Doch Dörner fand, das müsse so veröffentlicht werden, wie es geschrieben wurde, mit allen Unzulänglichkeiten. Also wurden ein paar Rechtschreibfehler korrigiert, und die Sache ging in Druck. Nach kürzester Zeit war die erste Auflage vergriffen. Neuauflagen folgten, und eigentlich ist dieses Buch bis heute die

Bibel für sozialpsychiatrische Ideologien schlechthin. Ständig wird daraus zitiert und auch daraus abgeschrieben, ohne dass die Quelle genannt wird."

Auch in der Folge bleibt Dörner Böhms engagiertester Förderer. Er schreibt Briefe an verschiedene Universitäten und einflussreiche Kollegen, die das Übergangspflege-Modell würdigen und zur Nachahmung empfehlen. Nachdem Böhm 1985 mit dem Gießener Krankenpflegerpreis ausgezeichnet worden ist, reicht Dörner im November desselben Jahres einen Antrag zur Verleihung der Ehrendoktorwürde bei der Universität Gießen ein.

In Dörners Begründung, die einen präzisen Eindruck von Böhms bisherigem Schaffen und dessen Bedeutung gibt, heißt es: „Unter der Voraussetzung, dass die Richtlinien des Fachbereichs Medizin dies hergeben, möchte ich hiermit den Antrag stellen, Herrn Erwin Böhm die Ehrendoktorwürde des Fachbereichs Medizin der Universität Gießen zu verleihen. Ich verfolge das Schaffen und das Werk von Herrn Böhm, der Oberpfleger ist und seinen Arbeitsplatz zur Hälfte beim Psychiatrischen Krankenhaus der Stadt Wien und zur anderen Hälfte beim Kuratorium Psychosozialer Dienste in Wien hat, seit Jahren. Die von ihm erfundene und vielfach erprobte ‚Übergangspflege' ist in der Psychiatrie längst zu einem Paradigma geworden, das von immer mehr Einrichtungen mit Erfolg übernommen wird. Herr Böhm hat seine Gedanken und sein Wirken in vielen Vorträgen, vor allem aber in seinem Buch ‚Krankenpflege. Brücke in den Alltag', niedergelegt und zusammengefasst. Die in diesem Buch beschriebenen Erfahrungen, theoretischen Konstruktionen und die Methode, mit der Herr Böhm Theorie und Erfahrung aneinander weiterentwickelt, stellen eine Leistung dar, mit der er zahlreiche übliche medizinische Doktorarbeiten in den Schatten stellt. Die Originalität seines Denkens ist frappierend. Die Sorgfalt seiner Erfahrungskontrolle ist diszipliniert. Herr Böhm hat seine Befähigung zum wissenschaftlichen Denken ohne jeden Zweifel unter Beweis gestellt. Die Verleihung des Internationalen Pflegepreises sowie sein Auftreten auf dem Geriatrischen Weltkongress in New York mögen ebenfalls Zeichen dafür sein. Wie ich dies selbst erfahre, strahlt das Wirken von Herrn Böhm nicht nur in den Krankenhausbereich, sondern auch in den Heimbereich und in den Bereich der Sozialstationen aus. Mit der Verleihung der Ehrendoktorwürde an Herrn Böhm würde die Universität Gießen nicht nur einen praktisch hochverdienten und wissenschaftlich ausgewiesenen Pfleger und damit auch die gesamte Berufsgruppe der Schwestern und Pfleger ehren. Sie würde sich darüber hinaus mit diesem Schritt auch selbst ehren. In der Hoffnung, dass mein Antrag auf fruchtbaren Boden trifft, verbleibe ich ..."

Zunächst einmal reist Erwin Böhm, wie in Dörners Antrag angedeutet, im Juni 1985 nach New York zum Weltkongress für Geriatrie, der von der World Health Organisation (WHO) veranstaltet wird. Ein ganz besonderes Kapitel in Erwin Böhms Biografie! Bevor er davon erzählt, verschwindet er kurz im Keller und kommt mit ein paar verblichenen und zerknitterten DIN-A-4-Blättern zurück. Mit einem schelmischen Grinsen drückt er mir die orangefarbenen Zettel in die Hand. Ich beginne die handschriftlichen Zeilen zu lesen und verstehe kein Wort:

„Sins pipel vic serebral jensches dju tu etsching (diminischt bajolotschikel fang-schaning, inchrist confjuschen etc) ar incrisingli endmitit du pseikiätric hospitls end nörsinghoms wie hef wörkt aut e specifik ri-integrätiv offer after cer nörsing program for tis grup of peschens ..."

Erwin lacht aus vollem Hals. Das sei Lautschrift, erklärt er. Sein New Yorker Vortrag - in Phonetik, weil er ja kein Englisch kann.

Lore setzt sich zu uns; dann erzählen beide, abwechselnd, mit sichtlicher Freude an dieser Story.

Eines Tages also flattert diese Einladung der WHO auf Erwins Schreibtisch. Seine erste Reaktion: „In Amerika war ich noch nie. Da müssen wir hin!" Lore sieht die Sache nüchterner: „Aber du kannst doch kein Englisch!" Erwin geht davon aus, dass man ihm einen Dolmetscher zur Seite stellen und sein Vortrag simultan übersetzt würde. Weit gefehlt! In einem zweiten Brief wird ihm mitgeteilt, dass das Referat im Rockefeller Center auf Englisch zu halten ist. Aber Erwin will unbedingt in die USA. Zufällig ist ein Zivildienstleistender, der auf seiner Station arbeitet, ausgebildeter Fremdsprachenkorrespondent für Englisch und Französisch und bietet sich an, seinem Chef aus der Patsche zu helfen. Er überträgt Böhms Skript in phonetische Schrift. Anschließend wird an der Aussprache gefeilt. Tagelang, wochenlang, im Arbeitszimmer, im Wohnzimmer, auf der Station, bei Spaziergängen, „unentwegt hab' ich immer wieder dieselben Sätze aufgesagt: Sins pipel vic serebral jensches ..."

Zwei Wochen vor dem Abflug trifft ein weiterer Brief aus den USA ein. Erst jetzt, so heißt es, habe man erfahren, welche Berühmtheit Böhm sei.

Deshalb würde man ihn beim Kongress nicht nur als Redner auftreten, sondern als „Chairman" durch das Programm führen lassen. Lore schreibt zurück, dass das nicht möglich sei, aus den bekannten Gründen. Doch auf diesen Brief kommt nie eine Antwort in Breitenau an: „Man hat mir einfach nicht abgenommen, dass ich kein Englisch spreche!"

Dann kommt der Tag der Abreise. Selbstverständlich begleitet Lore, die zumindest über einige englische Grundkenntnisse verfügt, ihren Mann. Doch auch noch andere Wiener starten zum Atlantikflug: Kollegen aus der Anstalt. „Hauptsächlich Gegner, Feinde von mir", sagt Erwin, „die mich mit Pauken und Trompeten abstürzen sehen wollten. Die unbedingt meinen Untergang miterleben wollten."

Bei der Ankunft im Rockefeller Center werden die österreichischen Gäste schon von einer Dame in roter Uniform erwartet. Schnell schnell! Böhm soll auf die Bühne, das Plenum warte schon. Man hat seine Weigerung, als Vorsitzender aufzutreten, offenbar nicht zur Kenntnis genommen. Doch Widerspruch ist zwecklos; die Amerikaner kennen kein Pardon. Erwin Böhm wird auf dem Jahreskongress der WHO in New York als Diskussionsleiter auftreten. Und er wird sich mehr als achtbar aus der Affäre ziehen.

Während seines Referats muss er plötzlich mit Entsetzen feststellen, dass eine der Manuskriptseiten in Lautschrift abhanden gekommen ist. Also improvisiert er, trägt den Text auswendig vor und erntet im Anschluss daran heftigsten Beifall. Man macht ihm sogar Komplimente für seinen brillanten Vortrag, „der zumindest auch für alle anderen anwesenden Ausländer verständlich war". Und als die freie Aussprache beginnt, erhebt sich, wie vom Himmel geschickt, eine deutschsprachige Dame aus dem Publikum und bietet sich ihm als Dolmetscherin an. Geschafft!

Auch Verlage denken profitorientiert. Da Böhms erstes Buch, „Krankenpflege. Brücke in den Alltag", binnen kürzester Zeit vergriffen ist und auch die Nachauflagen sich gewissermaßen als Selbstläufer erweisen, drängen die Verantwortlichen des Psychiatrie-Verlags auf eine Fortsetzung. Darin soll Erwin Böhm seine neuesten Erkenntnisse über das Pflegemodell präsentieren. Er meint, aus den Erfahrungen mit seinem Erstlingswerk gelernt zu haben, und gibt sich Mühe, linearer, weniger eckig, „etwas schöner" zu schreiben. Zu diesem Zweck hat er extra einen Deutschkurs belegt. Doch die Lektoren sind wieder nicht mit dem Resultat zufrieden. Plötzlich verlangen sie ausdrücklich nach dem, was sie am Manuskript des Erstlings noch beanstandet hatten, wie Böhm sich erinnert: „Nein, das zweite musste genauso sein wie das erste: grammatikalisch nicht immer einwandfrei, im Satzbau falsch – kurzum: so wie ich halt bin und schreibe." Gleichzeitig gibt er zu, dass die Unvoreingenommenheit, mit der er sein erstes Buch verfasst hatte, bei allen folgenden Werken verloren gegangen ist.

1988 erscheint Böhms zweites Buch „Verwirrt nicht die Verwirrten. Neue Ansätze geriatrischer Krankenpflege". Im selben Jahr wird Böhm der „ORF-Seniorenpreis" verliehen. 1989 erscheint im RECOM-Verlag das Buch „Pflegediagnose nach Böhm".

Wie es im Vorwort von „Verwirrt nicht die Verwirrten" heißt, gelingt dem Autor in diesem Buch gewissermaßen die Quadratur des Kreises. Es ist „nämlich sowohl für Theoretiker als auch für Praktiker" geeignet und zeigt einen Mann, der mit jedem Gedanken, mit jeder Faser seines Körpers seine beruflichen Überzeugungen personifiziert. Und der imstande ist, in seinen Büchern auch noch die kompliziertesten Sachverhalte auf eine populäre, allgemein verständliche Weise darzulegen. Einmal, als wir über seine Vortragsart und die Inhalte seiner Reden sprechen, meint er: „Hirnonaniererei ist nix für mich. Deshalb fällt es mir auch so schwer, ständig mit wissenschaftlichen Termini zu jonglieren, gescheit zu reden." Und, wie man hinzufügen möchte: zu schreiben. Dementsprechend eignen sich die Böhm'schen Werke auch für Laien. Sie sammeln Erfahrungsberichte aus der psychogeriatrischen Praxis und bieten praktische Anleitungen im Sinne einer Neuorientierung der geriatrischen Krankenpflege auf der Grundlage der individuellen Biografie der Patienten. „Eigentlich habe ich in allen Büchern ständig über das Gleiche geschrieben."

Besonders augenfällig wird dieser Umstand, als „Krankenpflege. Brücke in den Alltag" 1992 unter dem Titel „Ist heute Montag oder Dezember. Erfahrungen mit der Übergangspflege" neu aufgelegt wird. In einer editorischen Notiz heißt es, bei dieser Neuausgabe handele es sich um eine „überarbeitete" Fassung, doch die Unterschiede zum Urtext sind minimal. „Als ich das Originalmanuskript zwecks Korrekturen noch einmal durchlas, stellte ich fest, dass es an meinen primären Grundthesen nichts anzuzweifeln oder zu ändern gab. Alles stimmte nach wie vor so, wie ich es 15 Jahre zuvor geschrieben hatte. Nur einen einzigen Satz musste ich streichen! Und zwar den, wo behauptet wurde, bei jedem Besuch würden wir dem Klienten einen

Blumenstrauß mitbringen. Das kommt zwar immer noch vor, sofern mit einem solchen Geschenk ein positiver Impuls beim Patienten gesetzt werden kann, doch in seiner Absolutheit ist dieser Satz nicht länger gültig."

Zwei Ausnahmen freilich bestätigen die Regel der populären Lektüre: die so genannten „blauen Bücher", die in den Jahren 2001 und 2002 unter dem Titel „Psychobiographisches Pflegemodell nach Böhm" in zwei Bänden (Band I: Grundlagen, Band II: Arbeitsbuch) erscheinen. In diesen Fachbüchern, die ihr Verfasser als „wissenschaftliche Subsumierung meiner empirischen Forschungen" versteht, werden die vier wesentlichen Begriffe erläutert, die mit dem Namen des Pioniers des ganzheitlichen Pflegesystems verknüpft sind: die biografisch orientierte reaktivierende Pflege, das symptomspezifische Verhalten, das psychobiografische Pflegemodell mit der psychogenen Pflegediagnose. Mit der ihm eigenen Koketterie behauptet Böhm heute, er sei „unfähig, die blauen Bücher zu lesen und zu verstehen".

Die Geburtstagskarte

Wien an einem Sonntag im Dezember. Auf unserem Programm steht ein zweifaches Familientreffen. Kurz vor Mittag suchen wir einen Parkplatz in der Nähe des Gasthauses „Schönbrunner Vorpark“ in der Jheringgasse, 15. Bezirk. Ein „Tschuschen“-Lokal, wie Erwin erklärt. Der Ausdruck „Tschuschen“, ergänzt Lore, stamme aus der Sprache jener slawischen Arbeiter aus Südosteuropa, die ehemals in Österreich Eisenbahnschienen verlegten. Eine Verballhornung ihres Ausdrucks für „kräftiges Ziehen“.

Lores Verwandte haben bereits im Speiseraum einer typischen Wiener Kneipe Platz genommen. Einmal jährlich treffen sich sämtliche Geschwister, mit Anhang, zu einem gemütlichen Mittagessen und nachmittäglichen Beisammensein. Herzliche Begrüßung, neugierige Befragung des Besuchers aus Luxemburg. Ach so, Erwins Ghostwriter! Ehrliches Staunen.

Dann kommt der Kellner mit riesigen Getränketabletts und bringt noch gewaltigere Portionen gegrilltes Fleisch, Kartoffeln, Salat. Die brutzelnden Fleischspieße heißen „Rasnici“, das Bier gurgelt aus Dreiviertelliterflaschen. Kurz vor zwei machen Erwin und ich uns auf den Weg in die John-Straße, wo sein Sohn Christian mit der Familie wohnt. Auch Martina, die Tochter, ist schon da.

Um ein paar Ecken, dann stehen wir vor dem Ristorante San Marco, ganz in der Nähe der Hauptschule Reindlgasse, die Erwin einst besuchte. Auch zur Beckmanngasse, aus der die berüchtigten „Plattenbrüder“ stammten, die dem jungen Böhm vor Jahrzehnten das Fell – Pardon! – den ungeliebten Hut über die Ohren zu ziehen pflegten, ist es nicht weit.

„Die Plattenbrüder-Geschichte hab’ ich dir doch bereits erzählt, oder?“, fragt Erwin.

„Ja.“ Auch über Martina habe ich schon einiges vorab erfahren, damals, bei meiner ersten Begegnung mit Erwin in Luxemburg. Als er über Frau Kasparak sprach, die rote Stöckelschuhe tragende Greisin in Reizwäsche. Als von der Signalsprache nach Desmond Morris die Rede war, vom roten Hintern der Pavianweibchen und den knallig gefärbten Lippen vierzehnjähriger Mädchen. „Was das mit Martina zu tun hat, fragst du sie am besten selbst“, sagte Erwin damals. Ich habe es nicht vergessen, und nun ist die Gelegenheit dazu gekommen.

Doch zunächst einmal sollen die Böhm-Kinder über ihre frühesten Erinnerungen an ihren Vater berichten. Martina, Jahrgang 1962, Mutter eines zwölfjährigen Sohnes, von Beruf Kindergärtnerin; Christian, Jahrgang 1965, als kaufmännischer Angestellter tätig, kürzlich selbst zum ersten Mal Vater geworden.

Als Erste überwindet Martina ihre Zurückhaltung. Sie erzählt von der Naturliebe, die sie vom Vater und von Mathias, dem Großvater väterlicherseits, geerbt habe. Davon handeln ihre ältesten Erinnerungen: Berge, Wandern, Klettern, Ausflüge, gemeinsam gesungene Schlager während der Autofahrten.

Erwin ergänzt: „Die Singerei im Auto hatte für mich übrigens eine biografische Vorgeschichte. Als ich etwa zwölf Jahre alt war, hab' ich einmal auf dem Ausflugsschiff ‚Mozart' einen Musikwettbewerb gewonnen. Ich hab' den Eddie Constantine nachgemacht. Später dann hörte ich, wie gesagt, häufig Radio Luxemburg und hab' mir diese dünnen Hefte besorgt, in denen die Schlagertexte abgedruckt waren. Die lernte ich dann alle auswendig."

Es muss eine glückliche Kindheit gewesen sein, trotz des angespannten Verhältnisses zwischen den Eltern. „Obwohl die Mutter nicht gearbeitet hat und immer zu Hause war, war der Vater weitaus präsenter", sagt Martina. „Er war einfach immer für uns da, aufmerksam, verständnisvoll. Von ihm bin ich aufgeklärt worden, von ihm hab' ich alles Wesentliche erfahren."

Besonders präsent sind der Tochter jene Jahre bis 1971, vor dem Umzug in die Rupertgasse, als die Familie in einer Wohnung auf dem Anstaltsgelände auf der Baumgartner Höhe lebte: „Diese Bilder habe ich noch deutlich vor mir, die Dienstwohnung im Irrenhaus, die Stiegen runter zur Dusche, die Wege durch die Anstalt, aber auch die Toleranz und das Verständnis unseres Vaters für Kinder wie für die Alten. Vermutlich hat er uns damals diesen sozialen Touch zu vererben begonnen ..."

Doch es gab, naturgemäß, auch schwierigere Zeiten. Etwa die Jahre der Pubertät.

„Und in diese Epoche gehört die Pavian-Geschichte?", hake ich nach.

Martina hat kein Detail der Story vergessen: „Es ist doch normal, dass Mädchen in einem bestimmten Alter versuchen, sich ein bisserl herzurichten. Aber mein Vater hat es prächtig verstanden, mich zu frustrieren. Einmal, als ich mir die Lippen angemalt hatte, hat er mich mit einem Pavianarsch verglichen, weil der ja auch so rot und blau leuchtet. Das war drastisch, aber effizient. Jedenfalls bin ich auf mein Zimmer gelaufen und hab' mich auf der Stelle abgeschminkt."

Noch einmal fügt Erwin seinen Kommentar hinzu: „Was blieb mir denn anderes übrig, wenn die sich so huriös herrichtet? Es hatte keinen Zweck, ihr den Lippenstift zu verbieten. Also musste eine verbale Watschn her. Und die hat so gut gewirkt, dass sie bis heute mit Schminke ziemlich zurückhaltend umgeht.“

Allmählich geraten meine Gesprächspartner in Fahrt. Flink fliegen die Bemerkungen, Kommentare, Entgegnungen hin und her.

Martina: „Auch später hat er's halt immer wieder versucht. Zum Beispiel an meinem 18. Geburtstag. Mein Vater hat mir damals regelmäßig liebe, persönliche Briefe geschrieben. Aber zu jenem Geburtstag schickte er mir eine Karte mit dem Satz, statt die Pille zu nehmen, solle ich sie mir im Notfall zwischen die Knie klemmen."

Auch Christian erlebte manch komplizierte Situation in der Pubertät: „Mit 16 oder 17 war ich als Praktikant beim Vater tätig. Wir sind zusammen pfuschen gegangen, ich habe seine Texte auf der Schreibmaschine abgetippt, seinem Übergangspflege-Team beim Entrümpeln der Wohnungen geholfen. Mein Problem war, dass ich mich zu sehr in diese Problemsituationen, in die schwierigen Lebensumstände dieser Menschen hineinversetzt habe und schließlich beschloss, doch nicht, wie geplant, Krankenpfleger zu werden, sondern die Handelsschule, die ich besuchte, abzuschließen.“

Erwin unterbricht: „Ja, der Christian ist noch sentimentaler, noch romantisch verklärter als ich.“

Christian: „Genau. Aber heute tut es mir Leid, dass ich deine großartigen Ideen nicht weitergeführt habe, bloß weil ich damals zu sensibel war.“

Erwin: „Als Schüler warst du jedenfalls genau wie ich: Stets von Mädels umgeben, die dir die Jacke oder die Schultasche getragen haben. Es gibt alte Fotos, die man miteinander vergleichen kann. Und die Parallelen sind erstaunlich.“

Martina: „Wir sind eben echte Böhm-Kinder!“

Erwin: „Was wohl auch mit unserer familiären Situation zusammenhing. Meine ständige Sorge war, wie ich die Kinder am besten von der Mutter weghalte. Daher die vermehrten Ausflüge. Auch als Lehrer hab' ich mich mit diesen Themen beschäftigt. Heute würde ich sagen, dass meine Rechnung als Vater und als Psychotherapeut voll aufgegangen ist. Wäre ich Autospengler geblieben, weiß ich nicht, ob wir, der Vater und seine Kinder, heute überhaupt noch miteinander reden würden.“

Ein nicht unwesentlicher Bestandteil ihrer Kommunikation ist der vom Vater wie vom Sohn perfekt beherrschte Wiener Schmäh, jene mehrbödige Mischung aus Scherz, Spaß, Charme, Sarkasmus und Zweifel, die den Wiener Charakter, den „Grant“, das „Raunzn“, bestens zum Ausdruck bringt.

Auf dem Rückweg statten wir Christians Frau und ihrem wenige Wochen alten Sohn Maximilian noch einen kurzen Besuch ab, der am Ende dann doch etwas länger dauert. Es gibt Saft, Kaffee und Gebäckteilchen. Erwin amüsiert sich hinreißend mit den anwesenden Kindern, lässt sich von seinem zwölfjährigen Enkel Markus bestätigen, dass dieser später einmal in die beruflichen Fußstapfen seines Großvaters treten will.

Verabschiedungsrunde beim Tschuschen-Wirt. Noch eine Zigarette, ein letztes Bier aus der Flasche. Plötzlich ist Erwin verschwunden! Lore sucht ihn und findet ihn an einem Tisch am Eingang des Lokals. Er sitzt, in ein angeregtes Gespräch vertieft, neben ein paar derben, Karten spielenden Mannsbildern, mit denen er sich auf der Stelle angefreundet zu haben scheint. „Zipf“, kleine Gauner, wird er die Kerle später bezeichnen. Und seine Frau wird sagen: „Ja, so ist er, der Erwin! Die komischsten Leute ziehen ihn geradezu magisch an. Und sie akzeptieren ihn prompt, als wäre er einer von ihnen, wenn nicht gar ihr Anführer.“

Das Alpha-Tier

Die beginnenden neunziger Jahre: Erwin Böhm, der Pflege-Revoluzzer, der Psychogeriatrie-Guru, sitzt fest im Sattel. Seine diversen Disziplinarverfahren sind längst eingestellt worden; man hat ihm verschiedene Preise und Auszeichnungen für seinen unermüdlichen Einsatz im Dienst der Alten verliehen.

1991 erscheint Böhms viertes Buch: „Alte verstehen. Grundlagen und Praxis der Pflegediagnose". Nach bewährtem Muster, in einer Kombination von Grundlagenwissen und Fallbeispielen, wird in diesem Lehrbuch, wie Erich Grond in seinem Geleitwort schreibt, die Pflege als ein dynamischer Prozess dargestellt, „der sich an der Biographie des alten Kranken ausrichtet und sein emotionales Langzeit- und Alltagsgedächtnis reaktiviert in der Auseinandersetzung mit seiner Umgebung".

Inzwischen sind von Böhm „erfundene" Begriffe wie Übergangspflege, Pflegediagnose und reaktivierende Pflege fest im psychosozialen Fachjargon verankert. Dennoch stellt sich beim Urheber des Paradigmenwechsels im Pflegeverständnis allmählich ein Gefühl von Ungenügen ein. Eine Frage, die Erwin Böhm sich seit den späten achtziger Jahren unentwegt stellt, lautet: „Was mache ich jetzt mit meinem Wissen?" Einige Bücher hat er schon geschrieben, die Einladungen zu Vorträgen im Ausland nehmen ebenso zu wie die Zahl der Anhänger seines Modells. Nur in Österreich selbst scheint sich nur wenig bis gar nichts zu bewegen. „Als Bediensteter der Gemeinde Wien wollte ich daselbst expandieren, doch das ist mir nie gelungen. In Wien stand zu diesem Zeitpunkt alles still, während in meinem eigenen Leben alles im Fließen war."

So kommt um diese Zeit die Idee eines eigenen Fachvereins auf, der keiner politischen Strömung zuzurechnen ist und dessen Hauptaufgabe darin bestehen soll, das Böhm'sche Wissen zu verbreiten. Dieser Gedanke führt 1991 zur Gründung des gemeinnützigen Vereins AGPK: „Angewandte geriatrische psychiatrische Pflegeforschung und Krankenpflege". Erwin Böhm wird ihr erster Präsident; der Vorstand umfasst sechs Mitglieder, Lore amtiert als Sekretärin ohne Mitspracherecht. Das AGPK-Ziel: Öffentlichkeitsarbeit sowie Aus- und Fortbildung des Krankenpflegepersonals. Zudem hat sich erwiesen, dass Böhm nicht sämtliche Kurse selbst abhalten kann, sondern Lehrer benötigt, die seine Ideen weitertragen. Dafür braucht es einen Ort, an dem die Ausbildung stattfinden kann.

1991 hat Böhm die Idee, ein Weiterbildungszentrum zu eröffnen. „Für mich war klar, dass ich mich nicht in ein modernes Gebäude setze, dass ich nicht in einem Betonbunker über die Rolle der Biografie in der Alten- und Krankenpflege reden kann."

Die Lösung findet sich in Form eines Bauernhofes im burgenländischen Leithaprodersdorf, an der Grenze zu Niederösterreich. „Am Arsch der Welt", wie Erwin den Ort bezeichnet, dem er den sinnigen Namen „Romantikfortbildungszentrum" gibt. Hier, bei Familie Hruschka, mietet die Böhm-Truppe sich ein. Sechs Jahre lang, bis 1997, finden nach Bedarf, jeweils von freitags bis sonntagabends, die Schulungen statt, in einem eigenen, auf alt getrimmten Schulungsraum. Frau Hruschka bekocht die Gruppe, stellt auf ihrem Hof Übernachtungsmöglichkeiten zur Verfügung. Doch häufig bleibt zum Schlafen nicht viel Zeit. Nach dem offiziellen Teil der Kurse folgt der inoffizielle in Form von feucht-fröhlichem Zusammensitzen bis lange nach Mitternacht.

Anfangs leitet Erwin Böhm fast jeden Kurs persönlich. Später, als seine ersten vier bis fünf Lehrer ausgebildet sind, übernimmt er diese Aufgabe nur noch einmal im Monat. Ab 1994 findet schließlich eine systematische Ausbildung von Referenten statt, die die didaktische Vermittlung des Böhm-Modells übernehmen, in Zusammenarbeit mit Instituten in Österreich selbst, in Deutschland, der Schweiz und in Luxemburg.

Wer, zumal aus dem Ausland kommend, die oft mühsame Anreise nach Leithaprodersdorf auf sich nimmt und im Schnitt sieben Mal drei Tage dort verbringt, ist tatsächlich an der Sache interessiert. Anders als jene Praktikanten, die Böhm auf seiner Station in Wien aufnimmt und mit denen der Chef eher negative Erfahrungen macht. „Wir hatten dort insgesamt etwa dreihundert Praktikanten, auch aus dem Ausland. Doch das hat nix gebracht. Seither bin ich ein absoluter Gegner des Praktikantentums und von Exkursionen. Das ist im Endeffekt alles bloß Geld- und Zeitvergeudung. Von all diesen Leuten ist kaum noch jemand in der Pflege tätig. Die waren alle nur wochenlang gewissermaßen als Touristen in Wien. Um sich den Prater und den Stephansdom anzuschauen, aber nicht um in der Praxis mein Modell und meine Theorien kennen zu lernen."

Mit der Zeit und dem sich verändernden Profil der Kursteilnehmer erfüllt auch das Romantikfortbildungszentrum immer seltener seinen eigentlichen Zweck. „Die Teilnehmer wurden immer jünger. Die Älteren, die nach Leithaprodersdorf kamen, konnten abends wenigstens noch mitsingen. Das war ein Spaß! Mit jener Generation, die sich noch selbst unterhalten konnte und bei der ich als Conférencier nur am Rand mittun musste. Doch als die Schüler immer jünger wurden, war das mit den Abendveranstaltungen praktisch vorbei. Die saßen nur da und warteten darauf, dass ich ihnen etwas zum Besten gab. Ich hätte Tag und Nacht weitersingen können, aber die hätten mich nur blöd angeschaut. So kam ich zu der Einsicht: Nein, unter diesen Umständen brauchen wir Leithaprodersdorf nicht mehr!“

Der Wortführer, das Alpha-Tier hat gesprochen und entschieden. Allerdings waren auch grundsätzlichere Überlegungen entscheidend für das Umdenken: „In der Leithaprodersdorfer Zeit wollte ich mir Jünger züchten, erste Böhmianer in Form einer Gruppe von Lehrern, die mir erlauben würden, mich mehr und mehr zurückzuziehen.“ Hauptberuflich hat er diesen allmählichen Rückzug bereits 1993 begonnen. Am 1. Januar 1993 legt er sein Amt als Dienststellenleiter der Übergangspflege nieder, um sich nur noch seinem Pflegediagnose-Modell zu widmen, und gibt die Leitung der Wiener Übergangspflege an seinen Schüler Gerhard Rott ab. „Damals gab es einen Herrn Höller und einen Herrn Navrata. Sie sollten meine Ableger in der Übergangspflege werden und das Modell gewissermaßen erben. Höller und Navrata waren die ersten Lehrer, mit denen wir in Leithaprodersdorf gestartet sind. Auf einmal jedoch ist der Höller dekompensiert und wollte mehr Geld, mehr Berühmtheit. Plötzlich kündigten beide spontan, machten sich selbstständig und gründeten einen Gegenverein zu Böhm. Sie wollten die Schulung in eigener Regie weiterführen. Für mich war das damals sehr frustrierend, weil ich die in der Annahme unterrichtet hatte, sie würden ‚meinen Bauernhof‘ übernehmen. Doch die waren mit allen Tricks gewaschen, die auch ich kannte. Heute sind sie eigentlich weg vom Fenster. Zwar scharren sie da und dort noch ein wenig rum und erfinden immer neue Namen für meine Inhalte, doch mit einer eigenen Firma klappte es halt nicht.“

Im Endeffekt bewirkt der von Böhm unabhängige Generationswechsel, dass das Romantikfortbildungszentrum geschlossen und die Ausbildung fortan in Breitenau, Böhms Wohnort, stattfinden wird. „Aber auch hier war das sehr beschwerlich, weil es keine geeigneten Unterkunftsmöglichkeiten gibt. Auch mir selbst gingen allmählich die Energie und das Interesse an den Grundkursen aus. Mir wurde immer klarer, dass diese Verpflichtungen mich daran hinderten, meine Bücher zu schreiben.“ Inzwischen hat er nämlich mit den Vorarbeiten zu dem zweibändigen Grundlagenwerk „Psychobiographisches Pflegemodell nach Böhm“ begonnen, das 1999 im Verlag Wilhelm Maudrich erscheinen wird. Zudem wird er von 1994 bis 2001 als Fortbildungsbeauftragter des Österreichischen Krankenanstaltenverbundes tätig sein. Ebenfalls 1994 wird Erwin Böhm Ehrenmitglied der Albert-Schweitzer-Gesellschaft.

Der nächste Schritt mündet in der Überlegung, den einzelnen Ländern die Fortbildung selbst zu überlassen, „sich ihre eigenen Lehrer zu züchten“. Aus diesem Beschluss geht im Jahre 2001 die Gründung des „Europäischen Netzwerkes für Psychobiografische Pflegeforschung“ (ENPP) hervor, ein Zusammenschluss von Fachleuten aus Österreich, Deutschland, der Schweiz und Luxemburg, die sich für die didaktische Vermittlung, die praktische Umsetzung und die wissenschaftliche Weiterentwicklung der Psychobiografischen Pflegetheorie nach Professor Böhm engagieren. Ein vorheriger Versuch in diese Richtung scheitert innerhalb weniger Monate.

Erwin erinnert sich: „Eines Tages lernte ich einen Herrn Negel aus Deutschland kennen, der mir irgendwann den internationalen Krankenpflegefortbildungspreis übergab. Er wollte Kurse organisieren und sich um den verwaltungstechnischen Ablauf kümmern. Anfangs hab’ ich ihn als recht rührig empfunden, und so kam es am 1. Februar 2000 zur Gründung der Negel-Böhm GmbH. Am 30. Mai desselben Jahres wurde diese Gesellschaft jedoch bereits wieder aufgelöst, weil der Herr Negel sich in Wahrheit als gesundheitlich angeschlagen herausstellte und nie ein Kurs zustande gekommen war, obwohl ich viel Geld dafür investiert hatte. Ich hatte mich einfach in ihm getäuscht! Somit hatte ich aktive Arbeitslosenunterstützung eines Piefke betrieben, mein Geld war futsch und die GmbH gab es nicht mehr.“

Es geht auf Mittag zu. Bevor wir für heute Schluss machen, blättere ich noch einmal meinen Notizblock durch. Haben wir auch keines der Stichwörter übergangen, die ich mir aufgeschrieben hatte? Doch! Da steht noch: „EB nach Vonwald fragen!“ Also: „Wie war das mit dem Historiker, der zum Böhm-Lehrer wurde?“

Einmal mehr braucht Erwin nicht lange zu überlegen. Nur auf das Datum ihrer ersten Begegnung möchte er sich nicht zweifelsfrei festlegen: „Es war vor sieben oder acht Jahren.“

Die Böhms sind nach Bratislava gefahren, in die dortige Oper. Hier sitzen sie neben einem anderen Österreicher und kommen, wie so häufig, wenn

Erwins Kontaktfreudigkeit Wirkung zeigt, rasch miteinander ins Gespräch. Erwin, der in jener Zeit nach potenziellen Lehrern für den AGPK sucht, fragt seinen Nachbarn, ob er nicht zufällig einen Historiker kenne. „Aber ich bin Historiker!", antwortet der Niederösterreicher, der als Hochschullehrer für Geschichte tätig ist. Volltreffer! Umstandslos kommt man miteinander ins Geschäft. Seither reist Professor Dr. Franz Vonwald als Böhm-Lehrer durch die Lande und hält Vorträge und Seminare für „alle, die in ihrem Berufsalltag mit älteren Menschen arbeiten und bestrebt sind, ein besseres Verständnis des alten Menschen zu fördern."

Heim

Was ich von einer Woche Wien mit nach Hause gebracht habe: ein voll geschriebenes Notizheft, neun besprochene Minidisks, jede Menge Unterlagen, Fotokopien von Zeitungsausschnitten, Artikeln, Redeskripten und Vorträgen. Zudem ein paar Bücher, die ich umgehend lesen, zumindest querlesen muss, einige Fotos. Und einen Kopf voller Informationen, Eindrücke, Fragen. Zunächst gilt es, Ordnung in dieses Material zu bringen.

Zum Glück ist Erwin mit nach Luxemburg gekommen. Wenn nötig, können wir uns kurzfristig verabreden, uns für zwei, drei Stunden zusammensetzen, um die noch offenen Fragen zu klären. Zudem werde ich ihn in den nächsten Tagen „live" erleben, beim unmittelbaren Umgang und Kontakt mit Alten, Dementen, Pflegebedürftigen. Marc Avarello hat nämlich Besuche in verschiedenen luxemburgischen Heimen arrangiert, in denen „nach Böhm" betreut und gepflegt wird und von denen inzwischen fünf mit dem psychobiografischen Pflegesignum ausgezeichnet wurden.

Bei dieser Gelegenheit, in Mersch und in Clerf, bekomme ich praktischen Anschauungsunterricht für das, was ich bislang hauptsächlich als Theorie kennen gelernt habe: das Besondere, das Revolutionäre am Böhm'schen Pflegekonzept, dessen Einzigartigkeit Marc Avarello in einem Interview mit der Zeitschrift *Télécran* folgendermaßen beschrieben hat: „Sie [die Böhmsche Pflegetheorie] erklärt, wie sich der Mensch im Alter und bei Demenz entwickelt, wie man den Betroffenen dennoch erreicht und seine Situation verbessern kann, ihn wieder eine oder sogar mehrere Entwicklungsstufen höher heben kann. Alle anderen Pflegemodelle haben dagegen vorrangig die Versorgung zum Ziel. Doch solange man lebt und noch Reaktionen zeigt, ist es, laut Böhm, ein Menschenrecht, rehabilitiert zu werden. So kann ein bettlägeriger, scheinbar völlig abwesender Dementer durchaus noch Lebenswillen haben. ... Außerdem ist die Böhm-Theorie empirisch bewiesen. Sie funktioniert und lässt sich auf jeden Lebensbereich anwenden."

Und wie sie funktioniert! Bei unseren Heimbesuchen erlebe ich Böhms charismatische Art im Umgang mit den Patienten. Hier erkenne ich das Leuchten in deren Augen, wenn der „Herr Professor" zur Tür hereinkommt, auf sie zugeht, sie anspricht. Hier leben Menschen, die nicht nur körperlich versorgt, sondern vor allem auch seelisch erfolgreich betreut werden.

Wie das alles machbar und möglich ist, auf welchen Grundlagen die Böhm-Therapie aufbaut, welche psychogeriatrischen Erkenntnisse dafür die Basis liefern – das alles kann in Böhms Büchern in der erforderlichen Ausführlichkeit nachgelesen werden.

Wir sitzen mal wieder in irgendeinem Café. Draußen regnet es – was sonst! Als der oberste Schaum von den Biergläsern geschöpft ist, kommt Erwin gleich zur Sache und nennt den Namen der niederösterreichischen Hauptstadt: St. Pölten. „Dort fand vor etwa 14 Jahren ein geriatrisches Symposium statt. Neben einigen Zugpferden stand auch ich als Redner auf dem Programm. Damals musste Marc Avarello als Vertreter des luxemburgischen Familienministeriums solche Veranstaltungen besuchen. In einer der Pausen ging ich zum Rauchen ins Foyer. Und dort saß er, ein langer, fescher, aber ziemlich zerknirschter junger Mann, der mich ansprach und fragte: ‚Welchen Vortrag soll man sich denn hier eigentlich anhören?‘ Wir kannten uns noch nicht, und so antwortete ich ihm: ‚Wissen's, bei diesem Symposium können's überhaupt nur zum Böhm gehen. Alles andere is a Scheißdreck!‘ Kurz darauf sollte mein Referat beginnen. Und Marc saß unter den Zuhörern. Ich ging zu ihm und sagte: ‚Na, vorhin hab' ich mir einen Witz mit Ihnen erlaubt. Ich bin nämlich der Böhm.‘ Daraufhin Marc: ‚Macht nichts. Wenn ich nun schon mal da bin, bleib' ich auch sitzen und hör Ihnen zu.‘ Das tat er dann auch, und während ich meinen Vortrag hielt, bemerkte ich, dass seine Augen größer und größer wurden und er sich immer eifriger Notizen machte. Anschließend kam er zu mir und meinte, dies sei das erste Mal seit Jahren gewesen, dass er über Altenpflege etwas Vernünftiges gehört habe. Folglich wollte er mich unbedingt nach Luxemburg einladen, zu einem Vortrag. Ja, so hat das alles angefangen. Damals, in St. Pölten."

„Gut", sage ich. „Dann bin ich mal gespannt, wie Marc Avarello selbst eure erste Begegnung in Erinnerung hat."

„Ich auch", sagt Erwin. „Aber wo waren wir eigentlich stehen geblieben bei unserer letzten Sitzung in Breitenau?"

Ich blättere in dem alten, vollgekritzelten Block. Hier steht sie, die letzte Eintragung; sie lautet: „Alles ist ein Kasperletheater" – eindeutig ein Böhm-Zitat. Da, noch ein Satz zwischen Gänsefüßchen: „Der Böhm bin nur ich!" Genau. Wir sprachen von der Leithaprodersdorfer Zeit, von den vergeblichen Bemühungen, Böhm-Ableger, Böhm-Nachfolger zu züchten. Was nie wirklich funktioniert hat. Denn: „Der Böhm bin nur ich!"

Doch Böhm, der Buchautor, hat auch noch eine andere Facette. Er hat in seinen Büchern nicht nur immer wieder über die diversen Aspekte seines Modells geschrieben – „im Grunde handelt es sich um ein einziges, stets von neuem erweitertes Werk“ –, sondern ist zwischen Buchdeckeln auch als Satiriker und Aphoristiker hervorgetreten. So wie er nicht nur Autospengler gelernt, sondern in Dutzende anderer Berufe hineingeraten ist und gearbeitet hat, nicht nur als Pfleger, sondern auch in der Pflegerausbildung aktiv war, nicht nur „alte Weiber“ nach Hause entlassen hat, sondern auch mit Rentnern auf Butterfahrt gegangen ist, nicht nur Medizinerlatein beherrscht, sondern auch Englisch auf Phonetisch ...

Aber wie kam es denn eigentlich zum „Pschyr-Rempler“, dessen Titel den „Pschyrembel“, das bekannte klinische Wörterbuch, die Mediziner-Bibel schlechthin, bewusst parodiert? Was war der Auslöser zu jener „nach langjährigen Forschungen“ entstandenen Sammlung von „medi-zynischen Böhm-Merkungen“, wie das im Jahr 2000 im Wilhelm Maudrich Verlag erschienene Bändchen im Untertitel heißt?

Mögliche Antworten liefert der Verfasser in seiner Einleitung selbst: „Mit diesem literarischen Spätwerk möchte ich versuchen, eine Vigilanzsteigerung meiner PflegekollegInnen zu erzielen. Es soll beim Lesen eine Wiederbelebung ihres a priori vorhandenen Humors – Witz durch Wortspielereien – erzeugt werden.“ Der nach mehr oder weniger fachlichen Begriffen von A bis Z geordnete Inhalt beweist einmal mehr: Erwin Böhm kennt seine Pappenheimer. Als da sind: die Alten („Hohes Alter: ist eingetreten, wenn die Kerzen mehr kosten als die Geburtstagstorte“), die Kranken, die Dementen, die Ärzte und Oberärzte, die Therapeuten und Gynäkologen, die Pfleger und Oberpfleger, die Schwestern und Oberschwestern. Nicht zuletzt weiß er um die Notwendigkeit „der ausländischen Putzfrauen“, denen er einen eigenen Eintrag in diesem „Nachschlagewerk für ‚Insider‘“ widmet: „In Heimen und Spitälern sind dies jene Personen, welche während ihrer Putztätigkeit die psychotherapeutischen Gespräche mit den Klienten führen. Daher auch Besenstützen (Bezugsstützen) genannt. Sie stützen sich bei den Gesprächen auf den Besen (halten sich an diesem fest) und stützen dabei die Patienten (psychisch gesehen), wobei gerade diese (Patienten) oft an sich als Besen bezeichnet werden (das alte Wort Hexen-Besen ist derzeit out).“

Und Böhm kennt sich aus in seinem Beruf, in den diversen Anstalten und Heimen („Heim: Erbschleicher-Streichel-Zoo“). Keine menschliche Schwäche („Midlife-Crisis: ist jener Zustand, wo der Mann draufkommt, dass seine Kinder so alt sind wie seine Anzüge“), auch nicht seine eigene, ist ihm fremd. Vor allem: Erwin Böhm hat vor nichts und niemandem Respekt, am wenigstens vor sich selbst.

Aber wie kam es denn nun zu diesem Buch?

„Es ist das Resultat von vierzig Dienstjahren, in denen ich eigentlich ständig mitgeschrieben habe: Neologismen, Wortneubildungen, Pflegerkauderwelsch, so genanntes lateinisches Meidlingerisch. Das Buch ist das in aphoristischer Form komprimierte Resümee all der Jahre, in denen ich Tag und Nacht mit Kranken, Irren und Sterbenden zu tun hatte. In dieser Zeit stellte ich mir unentwegt die Frage, wie man die Arbeitsmoral, die Psychohygiene des Pflegepersonals verbessern kann. Zunächst beobachtete ich, wie das Personal sich verhält, wenn es ihm schlecht geht. So erkannte ich, dass eine Verbesserung der Situation nur über Ersatzhandlungen möglich ist. Und diese Ersatzhandlungen bestehen darin, sich sowohl über die Patienten als auch über medizinische Begriffe lustig zu machen. Witz und Humor bedeuten eine Art Notwehr gegen Situationen, mit denen ich nicht klarkomme. Witz und Humor ermöglichen mir, mich gegen den Frust zu wehren, ohne die Patienten schlagen zu müssen. Auf diese Weise kann ich mich verbal wehren, über sie schimpfen, ohne dass sie anwesend sind.

Der eigentliche Auslöser zum Pschyr-Rempler geht also bereits auf die beginnenden siebziger Jahre zurück. Damals wurde mir bewusst, wie das Personal mit den Patienten umgeht. Zwar behaupteten alle Pfleger, sie würden ihre Patienten lieben, doch wenn sie dann beim Bier oder im Sozialraum bei einer Zigarette zusammensaßen, bezeichneten sie sie als Arschlöcher und Trottel. Und ich saß da, als Lehrer, Ausbilder, Chef, und musste mir all diese Ausdrücke anhören. Das hab’ ich nicht so gut verkraftet! Doch gleichzeitig habe ich diese Strategie als Basis und Verkaufsargument für mein Buch übernommen, also auch durchaus von der Rede meines Personals gelernt. Kam beispielsweise ein neuer Patient zur Tür rein, hieß es: ‚Aha, da kommt schon wieder ein Psycherl.‘ Das schrieb ich dann mit. Aber was ist ein Psycherl? Anfangs konnte ich damit überhaupt nichts anfangen. Scheint ein Morbus Bleuler zu sein, sagte ich mir – das kapierte ich. Aber was war ein Psycherl? Ich wusste gar nicht, was das bedeutete, und es dauerte lange, bevor ich auch so reden konnte. Und das hab’ ich dann hinterfragt: Kann man die Sprache der Pfleger übersetzen? Lassen sich diese Wörter in einen medizinischen Kontext bringen? Mit diesem Hintergrundwissen, von diesem Sprachschatz ausgehend, habe ich schließlich das Buch geschrieben und eigentlich nichts anderes getan, als die ‚Fremdsprache' der Pfleger, das Pflegerlatein, zu übersetzen. So entstand dieses Blödheitsbuch, das mir den Ruf eingebracht hat, ordinär, frauenfeindlich, proletenhaft zu sein, das aber im Grunde ein sehr schweres Buch ist."

Was gibt es über das Jahr der Milleniumswende und danach sonst noch zu sagen?

2000 erhält Erwin Böhm von Lazarus-Press, dem gemeinnützigen Verein zur Förderung der Kommunikation und Integration in Österreichs Gesundheitswesen, in Zusammenarbeit mit dem österreichischen Software-Unternehmen Gibodat, Linz, den „Ehren-Lazarus" als Würdigung seines wissenschaftlichen und humanitären Lebenswerks. Im Mai 2001 wird ihm vom Bundesministerium für Bildung, Wissenschaft und Kultur der Berufstitel „Professor" verliehen – „ein Titel, der zwar Ruhm, aber kein Geld einbringt". Im März 2002 legt Erwin Böhm sein Amt als Präsident des AGPK nieder. Zu seiner Nachfolgerin auf diesem Posten wird seine langjährige Mitarbeiterin Maria Riedl gewählt.

Botschaft

Am 10. Januar, Punkt zwölf Uhr mittags, werden wir in der österreichischen Botschaft in Luxemburg-Stadt erwartet. Lore und Erwin Böhm sind am Vorabend gelandet und ausnahmsweise nicht in dem Mondorfer Hotel, sondern in Esch/Alzette, in meiner Nähe, untergekommen. Und es regnet nicht einmal. Dafür ist es ausgesprochen kalt.

Wir haben uns zum Frühstück im Hotelrestaurant verabredet. Mit am Tisch sitzen die Böhm-Lehrerin Marianne Kochanski aus Bochum, die ich schon in Vianden kennen gelernt hatte, und Jürgen Spies, der zur kleinen Feier zu Ehren von Marc Avarello extra aus der Schweiz angereist ist.

Zum Glück habe ich mein Arbeitsgerät dabei und muss die Gelegenheit nutzen, einen weiteren „Böhmianer“ zu interviewen. Jürgen Spies ist sofort einverstanden. Der gebürtige Deutsche arbeitet seit zwanzig Jahren als Krankenpfleger, Lehrer für Krankenpflege und Betriebsausbilder in der Schweiz. 1989 hört er Erwin Böhm anlässlich einer Tagung im Trimlispital in Zürich zum ersten Mal reden. „Vorher hatte ich bloß das einzige Buch von ihm gelesen, das es auf der Station gab: ‚Verwirrt nicht die Verwirrten‘. Sein Auftritt damals war für mich ein tolles Ereignis. Er sagte den Schwestern, was ich ihnen nie sagen durfte. Mit dem Resultat, dass nach der ersten halben Stunde seines Vortrags einige Ordens- und Oberschwestern aufstanden und schimpfend den Saal verließen.“

In der Folge bestätigt Spies, was ich bereits bei anderen Gesprächen gesagt bekommen habe: „Mit den Jahren ist Erwin für mich zu einer Vaterfigur geworden.“ Und er fasst in Worte, was ich in den vergangenen Wochen selbst vage verspürt habe, ohne es jedoch so präzise formulieren zu können: „Wenn man sich näher mit Erwin Böhm beschäftigt oder mit ihm zusammenarbeitet, kommt man zwangsläufig an den Punkt, an dem man seine eigene Biografie näher kennen zu lernen beginnt. Mehr noch: Die Beschäftigung mit dem Böhm'schen Modell kann so weit führen, dass es einen selber destabilisiert. Dass Werte, die man sich selber aufgebaut hat, mit einem Mal fragwürdig und instabil werden. Man lernt etwas über seine Psyche, über die Kräfte der Psyche, was zu starken Verunsicherungen führt. Plötzlich wird man daran erinnert, wo man herkommt, mit welchen Wunden man durch das Leben geht – und das ist ein schmerzhafter, verwirrender Prozess. Gleichzeitig ist die Auseinandersetzung mit der eigenen Biografie ein Lernprozess, nach dem alten deutschen Spruch: „Den Rucksack, den du hast, den musst du selber tragen.“

Und worin besteht das Spezifische an Böhms Arbeit? Wie lässt sich seine Leistung in wenigen Worten zusammenfassen?

„Mit Böhm ist eine vollkommen andere Sichtweise in die Pflege gekommen. Erwin stellt das Dienende total in Frage. Er fordert ein umfassendes Umdenken in der Pflege alter Menschen und hat auch fachlich bewiesen, dass das möglich ist. Er hat klargemacht, dass das Bedientwerden den Menschen auf Dauer schädigt. Wenn ich dem Patienten alles abnehme, erhalte ich Macht über ihn und entmächtige ihn. Eigentlich ist das seine wichtigste Botschaft. Hinzu kommt, dass Erwin als Person immer bei den Pflegenden geblieben ist, die Pflegebasis nie verlassen hat. Er ist bis heute der Anwalt der Pfleger und hat sich nie in den Glorienschein der Professoren gesetzt. Und er verfügt über die seltene Fähigkeit, sich in Sekundenschnelle auf alte Menschen einzustellen. Das hinterlässt bleibende Eindrücke, sogar bei den Dementen.“

Eine andere Frage, die mich schon länger beschäftigt, die ich aber bislang niemandem stellen konnte: Wieso gerade Erwin Böhm?

Jürgen Spies’ Antwort kommt wie aus der Pistole geschossen: „Weil er ein Mann ist! Und sein Modell ein männliches Modell. Weil er den dienenden weiblichen Teil kritisiert.“

Und wie sind die Widerstände zu erklären, die seinen Theorien entgegenschlagen?

„Nicht seinen Theorien, sondern der streitbaren Person Erwin Böhm! Weil er häufig auf uns, seine Kollegen, schimpft. Und weil ihm vermeintlich sexistische Äußerungen untergeschoben oder fehlinterpretiert werden. Bei diesem Widerstand handelt es sich folglich um Abwehrmechanismen. Besonders scheinbar emanzipierte Frauen haben Riesenprobleme mit dem Mann Erwin. Meine Aufgabe besteht demnach unter anderem darin, das wieder zu glätten, was Erwin bei den Auszubildenden emotional angerichtet hat.“

Woher kommt Böhms erstaunliche Energie?

„Er ist ein sympathikotoner Typ, der immer etwas tun muss. Die innere Energie, das ist sein Leben. Jeder Mensch muss wichtig sein, und Erwin braucht das ebenfalls. Er sucht ständig das Gespräch, die Diskussion, die Auseinandersetzung auch. Und er liebt es, unter seinen ‚Jüngern‘ zu sein. Um keine Missverständnisse aufkommen zu lassen: Dabei handelt es sich nicht um eine Sekte, sondern um eine Gruppe von Gleichgesinnten, in der er der Chef, der Kapitän ist. Auf diese Weise ist in vielen Jahren aus unzähligen Einzelkämpfern langsam eine Mannschaft zusammengewachsen."

Elf Uhr. Zeit zum Aufbrechen. Ich hole den Wagen, lasse die Gäste einsteigen. Dann fahren wir nach Luxemburg-Stadt.

In der österreichischen Botschaft ist alles gerichtet. Die Sekt-, Wein- und Saftgläser stehen bereit, die Häppchen sind angeliefert. Nach und nach trudeln die geladenen Gäste ein, die Pressevertreter, Verwandten, Freunde, Mitarbeiter und Bekannten von Marc Avarello. Diesmal steht nicht Erwin Böhm im Mittelpunkt der Feierlichkeiten. Ganz entspannt kann er umherflanieren, mit diesem und jenem plaudern, sich mit einer Zigarette in eine Ecke verdrücken. Schließlich wird er doch noch von einem Journalisten entdeckt und muss sich zum x-ten Mal dem üblichen Frage-und-Antwort-Spiel stellen. Er tut es, wie immer, geduldig, präzise, charmant und mit seiner persönlichen Version des allseits beliebten Wiener Schmähs.

Dann werden Reden gehalten. Das Grußwort des Botschafters, der erklärt, dass Dr. Marc Avarello für seine engagierte Arbeit im Bereich der Altenpflege mit dem „kleinen, aber feinen Orden" ausgezeichnet wird. Es folgt die offizielle, vom Klicken der Fotografen begleitete Überreichung des nur selten verliehenen Ehrenkreuzes für Wissenschaft und Kunst, das vom österreichischen Bundespräsidenten Thomas Klestil vergeben wird. Avarellos Widmung und Dank. Zu guter Letzt Erwin Böhms freundschaftlich-gewitzter Einwurf. Ein paar Anhaltspunkte hat er sich auf einen Zettel notiert, doch am Ende spricht er frei von der Leber und von Herzen über seinen langjährigen Weggefährten.

Es gibt noch etliche Informationen, die mir fehlen. Beispielsweise wie es zur Gründung des ENPP kam. Darüber solle ich am besten mit Avarello sprechen, hatte Erwin schon vor längerem vorgeschlagen: „Marc hat alle Daten im Kopf, alle Details. Von ihm bekommst du ebenfalls sämtliche Skripte der Grund- und Aufbaukurse."

„Sollten wir nicht auch noch über dein nächstes Buch sprechen?"

„Natürlich."

„Und? Was willst du darüber verraten? Immerhin gibt es zahlreiche Autoren, die sich nur ungern zu einem Projekt äußern, solange es nicht abgeschlossen ist ..."

Solche Bedenken kennt Erwin Böhm nicht. Schließlich hat er bereits etliche Vorträge über das Thema gehalten, das in seinem nächsten Buch behandelt werden wird und sich mit dessen vorläufigem Arbeitstitel deckt: „Wenn der Knoblauch nicht mehr hilft".

Woher die Idee zu diesem neuen Buch stamme, möchte ich wissen.

Ausnahmsweise kommt Erwin Böhm nicht gleich zur Sache, sondern holt – gezwungenermaßen, wie er behauptet – weit aus: „Also, wenn ich meine 41 Berufsjahre Revue passieren lasse und die Bilanz dessen ziehe, was mir gelungen und was mir nicht gelungen ist, verspüre ich eine bestimmte Frustration in mir. Zwar stimmt es, dass mein Modell inzwischen international umgesetzt wird. Aber gleichzeitig frustriert es mich zu sehen, dass es mir nicht möglich war, mit meinen Theorien die Pflege so weit zu emanzipieren, dass man wirklich von einer kolossalen Verbesserung sprechen kann. Daraus habe ich folgende Schlüsse gezogen: Wenn es mir nicht gelungen ist, die Behörden und die dazugehörigen Beamten wesentlich zu verändern, dann kann ich nur das tun, was ich schon einmal getan habe und was am Beginn meines Arbeitslebens stand: Ich nehme den Wärtern die Patienten weg! Im jetzigen, meinem beruflichen Endzustand, tue ich noch einmal das Gleiche. Ich versuche, als Alter zu Alten zu reden und sie präventiv vor Heimen zu warnen. Der ‚Knoblauch' wird also wieder ein eindeutiges Laienbuch werden, genau wie ‚Krankenpflege. Brücke in den Alltag'. Also eine Art Präventivbuch, in dem ich dem Leser über meine eigene langjährige Erfahrung mit dem Älterwerden berichte. Bevor ich es zu schreiben begann, hab' ich etwa fünfzig bis sechzig Ratschlagewerke zu den verschiedensten Themen gelesen und mich gefragt, was ich tatsächlich von dem gebrauchen könnte, was darin junge Leute über Alte schreiben. Und ich muss sagen: Das, was dort steht, ist lauter Schwachsinn. Ich kann nicht darüber schreiben, was gegen Kreuzweh zu machen ist, wenn ich nicht selbst unter Kreuzweh leide. Und ich kann den Alten zur Verbesserung ihrer Situation nicht immer nur raten, ein Wellness-Center zu besuchen, sich einen Hund zuzulegen oder Kreuzworträtsel zu lösen. Älterwerden hat primär mit seelischen Problemen und nicht mit Problemen meiner Knie, nicht mit Arthrosen oder Gastritis zu tun. Älterwerden ist vornehmlich eine Frage der Altersseele und nicht der alten Beine. Wenn man das Älterwerden auf die Beine fixiert, wird das Gesundheitssystem teuer. Daher sind alle Gesundheitssysteme derzeit ad absurdum zu führen, weil sie sich vermehrt auf den Lebenstrieb, den Lebenswillen konzentrieren müssten und nicht auf die Knie. Wäre das tatsächlich der Fall, könnte man nicht nur die Situation der Alten an sich verbessern, sondern gleichzeitig dem Gesundheitswesen Milliarden ersparen. Aber der allererste Lernprozess, glaube ich, betrifft zunächst einmal nicht den gesundheitsministerialen Sektor, sondern die Alten selbst. Daher wird das neue Buch ein Werk mit Ratschlägen werden. Mit Antworten auf Fragen wie: Was kannst du tun, damit du nicht so deppert wirst wie dein Nachbar? Wie kannst du verhindern, vorzeitig in den Todestrieb zu gehen?"

Zum jetzigen Zeitpunkt ist das neue Böhm-Buch noch längst nicht geschrieben, doch über seinen Aufbau hat der Verfasser bereits präzise Vorstellungen:

„Im ersten Teil werden Präventivmaßnahmen erläutert. Denn man kann nicht erst mit fünfzig Jahren beginnen, Knoblauch zu fressen, wenn man dem Deppertwerden entgehen will. Im zweiten Teil gebe ich den Alten Verhaltenstipps. Antworten auf Fragen wie: Was kann ich tun, damit mein Kind oder Enkelkind nicht eines Tages zu mir sagt: ‚Opi, Omi, du bist ein bisschen staubig geworden'? Hierin geht es also um das Normalitätsprinzip. Im dritten Teil frage ich den Leser, was er von einem Heim erwartet. Die meisten stellen sich vor, dabei handelte es sich um eine Art Vorparadies, was reiner Schwachsinn ist. In diesem Kapitel wird unter anderem zu lesen sein, was Heimbewohner an Gewalt zu erwarten haben, dass sie dort zwangsläufig psychisch eingehen werden und dafür auch noch ihr Geld hinblättern müssen. Denn das Wichtigste ist immer mein Geld, nicht ich. In einem vierten Kapitel geht es um die Angehörigen. Ist der Angehörige kranker als der Kranke? Hier gebe ich Tipps für den Umgang mit alten Eltern. Im abschließenden, praktischen Teil des Buches werden Heime genannt werden, in denen sich der Böhm selbst hinlegen würde."

Ob Erwin Böhm eventuell noch ein Thema eingefallen sei, das bisher überhaupt nicht angesprochen wurde, will ich wissen. Ein Aspekt, der ihm wesentlich erscheint und der bislang noch gar nicht erwähnt wurde.

Erwin überlegt. Auch Lore, die mit uns am Tisch sitzt, scheint auf die Schnelle kein Versäumnis einzufallen. Dafür stehen noch ein paar Stichwörter mit Fragezeichen in meinem Notizblock. Ein Begriff in meinem Heft ist fett unterstrichen: das Wörtchen „Fazit".

Dazu gebe es nicht viel zu sagen, findet Erwin. Ich muss nachhaken, ihn gewissermaßen mit diesem oder jenem Ausdruck ködern. Welche Aspekte seiner beruflichen Laufbahn würde er als positive und welche als negative Erfahrungen bezeichnen? Welche Dinge sind ihm in 41 Arbeitsjahren gelungen und welche Ambitionen muss er als gescheitert betrachten?

„Beginnen wir mit dem Frust", schlägt Erwin nach kurzem Zögern vor.

„Gut. Zunächst also das Negative", erwidere ich.

Die Fehlschläge fasst er, zu meiner großen Überraschung, in einem einzigen Satz zusammen: „In all der Zeit ist es mir nicht gelungen, die Pflege zu emanzipieren."

Das also ist Erwin Böhms großer, hauptsächlicher Ehrgeiz gewesen. Nicht, wie zu erwarten gewesen wäre, die Verbesserung der Situation der alten, kranken, dementen Menschen, sondern die Emanzipation seines Berufsstandes, seiner Kolleginnen und Kollegen. Oder wie ist dieses Geständnis zu verstehen?

„Jetzt sind wir aber schon beim Positiven", wirft Erwin ein.

„Ach ja? Und worin besteht das?"

„Na, dass es mir gelungen ist, mein Modell international zu etablieren. Und die damit zusammenhängende Anerkennung, die mir in den letzten Jahren, bis heute, zuteil wurde."

„Wie soll der letzte Satz, den du in deiner Biografie lesen möchtest, denn lauten?"

Diesmal hält Erwin eine prompte Antwort parat.

„Ganz einfach", sagt er. „Nichts Großartiges, nichts Pompöses. Keinerlei Botschaft, die ich jemandem mit auf den Weg zu geben hätte. Einfach nur: Alles war gut, so wie es war, alles ist gut, so wie es ist. Ich würde alles wieder genauso tun. Ich würde nichts korrigieren. Alles war spannend, und alles war lustig. Punkt, Ende!"

In der Gegenwart

An einem regnerischen Freitagnachmittag erwartet mich Marc Avarello in seinem Itziger Büro. Wie das denn nun mit ihrer ersten Begegnung gewesen sei, möchte ich zunächst erfahren, damals in St. Pölten. So, wie Erwin es mir irgendwann geschildert hat?

Nein! Jedenfalls nicht im Detail. Marc Avarello bietet eine im Prinzip ähnliche Version an, die sich bloß in einigen unerheblichen Kleinigkeiten von Erwins Darstellung unterscheidet:

Seit Januar 1989 ist Avarello im Auftrag des luxemburgischen Familienministeriums mit dem Aufbau eines Fortbildungsinstituts für Pflegepersonen beschäftigt. Er hat in Innsbruck Psychologie und Erziehungswissenschaften studiert und ist nach siebenjähriger Forschungsarbeit am Münchner Max-Planck-Institut für Psychiatrie in sein Heimatland zurückgekehrt. Als Erstes beschäftigt er sich eingehend mit wissenschaftlichen Publikationen über Altenpflege, liest sich durch Unmengen von Zeitschriften und Büchern. Gleichzeitig besucht er Kongresse zu diesem Thema, nimmt an Seminaren und Workshops teil – stets mit dem unbefriedigenden Resultat, dass die dort präsentierten und erarbeiteten Erkenntnisse ihm wenig praxisorientiert vorkommen. Bis ihm eines Tages die Ankündigung einer Veranstaltung in der niederösterreichischen Landeshauptstadt St. Pölten in die Hände fällt. Unter anderem soll dort ein gewisser Erwin Böhm auftreten und seine Theorien vorstellen.

Kurz zuvor hat Avarello Böhms eben erschienenes Buch „Verwirrt nicht die Verwirrten“ gelesen, dessen unkonventioneller Ton ihn sogleich fasziniert hat. Mit erheblichen Erwartungen macht er sich folglich auf die neunhundert Kilometer lange Reise in den Süden. Vom St. Pöltener Kongress ist er zunächst enttäuscht: „Vormittags wurden normale Vorträge gehalten, hauptsächlich aus dem universitären Bereich. Ich saß in der letzten Reihe und war schon ganz verzweifelt. Erzählt wurde das Gleiche wie immer. Schöne, eloquente Reden, aber für die Praxis im alltäglichen Umgang mit alten Menschen wieder nicht brauchbar. Müde von der langen Reise war ich bereits kurz vor dem Einschlafen.“

Doch dann passiert es! Plötzlich erhebt sich ein kleiner Mann in der ersten Reihe, verschafft sich Zugang zur Bühne und stellt sich ans Mikrofon, ohne dass er dazu aufgefordert worden ist: Erwin Böhm. In einem typischen

Urwienerisch rügt er seine Vorgänger am Rednerpult, denen er vorwirft, noch nie in ihrem Leben einen Patienten gesehen zu haben: „Es is a Schaß!" Mit einem Mal ist Avarello wieder hellwach: „Als ich Erwin reden hörte, bin ich fast vom Stuhl gefallen. Wie er vom Leder zog, alle vorherigen Reden kritisierte und seine eigenen Thesen preisgab. Erwins Intervention war nur sehr kurz, aber sie genügte, um mich grundlegend von seiner Person zu beeindrucken."

Nachmittags setzt sich Avarello mit rund 25 weiteren Teilnehmern in Böhms Arbeitsgruppe. Allein die Atmosphäre im Raum unterscheidet sich wesentlich von dem, was der Luxemburger bisher bei ähnlichen Sitzungen erlebt hat: „Es wurde geraucht wie bei den Türken. Vor lauter Rauch sah man die Leute fast nicht. Und es wurde laut und heftig diskutiert. Erwin trat in einer völlig untypischen Referentenhaltung an. Er sprach offen und ehrlich, suchte die Auseinandersetzung."

Nach dem Ende der Sitzung kommen die beiden erstmals miteinander ins Gespräch. Von Anfang an verstehen sie sich bestens: „Ich spürte, dass dieser Mann etwas Wertvolles zu sagen hatte, und mir war klar, dass ich ihn nach Luxemburg holen und in mein Programm aufnehmen musste."

Das erste ganztägige Böhm-Seminar findet am 2. September 1989 in Itzig statt, mit über hundert Teilnehmern. „Erwin sprach in seiner unnachahmlichen Art, und zwar nicht eine, nicht zwei Stunden lang, sondern den ganzen Tag. Er teilte die Leute nicht in Arbeitsgruppen ein, wie das üblich ist, sondern hielt Frontalunterricht, bei dem er aus dem Stegreif über sein Fach redete, mit Witz, Lebendigkeit und steter Provokation."

Das ist der Beginn einer langen, intensiven Zusammenarbeit. Seit 1989 pflegen die beiden regelmäßigen Kontakt: „Bald kamen wir uns auch freundschaftlich näher, führten stundenlange, endlose Diskussionen. Heute kommt es mir vor, als hätten wir auf eine wenig anstrengende Art und Weise eine Menge gearbeitet, Dinge besprochen, die zunächst auf Bierdeckeln und Papierfetzen festgehalten wurden und später sogar in Erwins wissenschaftlichen Werken ihren Niederschlag fanden."

Seit den 1990er Jahren kommt Erwin Böhm, wie gesagt, regelmäßig nach Luxemburg, wo er Kurse, Seminare und Vorträge hält. Ab 1995 arbeiten die ersten luxemburgischen Pflegeheime nach den Böhm'schen Theorien. 2001 schließlich mündet die langjährige Zusammenarbeit in die Gründung des „Europäischen Netzwerkes für Psychobiografische Pflegeforschung nach

Prof. Erwin Böhm“, kurz ENPP genannt. Im September jenen Jahres wird das von Avarello und Böhm entworfene Konzept der internationalen Organisation im österreichischen St. Johann vorgestellt. Deren Zwecke zielen auf die Förderung, die wissenschaftliche Weiterentwicklung und didaktische Vermittlung der Pflegetheorie nach Böhm. Ferner soll das europaweit aktive Netzwerk den fachlichen Austausch, die Praxisforschung und die Integration praxisrelevanter Erkenntnisse fördern. Und nicht zu vergessen: Über den Weg des ENPP, dessen Zentrale sich in Luxemburg befindet, wird Öffentlichkeitsarbeit für das Modell geleistet, das beispielsweise durch Kongressaktivitäten und Publikationen nach und nach immer größere internationale Bekanntheit erlangt.

Und noch ein Aspekt, den Avarello für sehr wesentlich hält: „Das ENPP ist losgelöst von der Einzelperson Erwin Böhm, was für die Zukunft des Modells sehr wichtig ist. Zumal Erwin mehr geschaffen hat, als ihm selbst bewusst ist. Er hat nämlich nicht nur eine Therapie- und Interventionsrichtung entwickelt, sondern eine Theorie, die erklärt, wie der Mensch funktioniert und was sich psychologisch bei ihm verändert, wenn er alt wird. Eine Theorie, die im Prinzip nicht nur für Demente oder Verhaltensgestörte gilt.“

Vom Sinn und Wahnsinn der eigenen Biografie – Epilog von Erwin Böhm

Es ist nicht leicht, in einem Epilog als ICH über MICH zu schreiben. Tut man es trotzdem, so müsste zunächst die Frage beantwortet werden, in welchen Abschnitten das Leben Sinn und in welchen es Wahnsinn war?

Ich glaube daran, dass lange, sinnvolle Abschnitte im Leben, die man dann insgesamt als „Biografie“ bezeichnen könnte, nur dann entstehen, wenn man eine Chance hat. Oder anders ausgedrückt: Wenn man auf den Wahnsinn der Umgebung (Familie, Dienstordnungen, Schulordnungen) keine Rücksicht zu nehmen braucht, also sein Leben lebt!

Ich bin stets meinen Lebensweg gegangen, ohne darüber nachzudenken, was die anderen davon halten. Ich glaubte und glaube immer noch daran, dass man dies eines Tages weiß, dass man eines Tages erkennt, was für einen selbst richtig und was falsch ist. Genauso bin ich diesen Weg gegangen, ohne Rücksicht auf Verluste, ohne Angst vor Gegnern!

Ich hatte auf Grund meines ersten „Klienten“ (des berühmten Herrn Lethfuß) plötzlich meinen Lebensweg gefunden. Ich habe durch ihn und mit ihm erfahren, was es heißt, Gutes zu bewirken. Somit waren mein Lebensweg, meine Biografie, faktisch und praktisch vorgezeichnet.

Bedingt durch Herrn Lethfuß würde ich gerne einen Epilog im Sinne eines WIR- statt eines ICH-Gefühls schreiben. Dieses WIR-Gefühl begann nicht mit Herrn Lethfuß, sondern zweifellos mit meinen Eltern. Offenbar hielten sie sich an den chinesischen Spruch, der da lautet: „Wenn die Kinder klein sind, dann gib ihnen Wurzeln (in meinem Fall das immer wieder erwähnte Holzhaus am Berg). Und wenn sie groß sind, gib ihnen Flügel (ab meinem 6. Lebensjahr).“

Diese Flügel hatte ich immer, ich konnte „herumfliegen“, ich wurde nie „sicherheitsneurotisch“ erzogen und war demnach nie zu Hause, nie wirklich fixiert, nie wirklich sesshaft oder, wie die meisten anderen, gutbürgerlich eingesperrt.

Folglich fragte ich mich natürlich, als ich meinen doch eher bürgerlichen Biografen kennen lernte, wie er ohne Wissen über das Proletariat wohl über mich schreiben könnte? Wie kann ein fremder Mensch ohne Böhm-Ausbildung (Wie erhebe ich eine brauchbare Biografie?) erkennen, was eine Lebenslüge, eine dative Biografie oder gar eine Story ist?

Aber, und das muss ich zu meiner Schande gestehen, ich wurde im Lauf der Zeit eines Besseren belehrt. Als die ersten, von Georges verfassten Seiten bei mir ankamen, musste ich erst einmal lächeln. Um anschließend festzustellen, dass er mich besser kennt als ich mich selbst. Natürlich ist das, wissenschaftlich gesehen, keine Frage: Er, der Biograf, ahnte meine Lebenslügen und schrieb sie um oder stellte sie mit Anfragen an mich in Frage. Das ist ihm, meiner Ansicht nach, mit sehr viel Einfühlungsvermögen und Empathie gelungen. Dafür möchte ich mich bedanken.

Obwohl es nun schwarz auf weiß niedergeschrieben ist, bekenne ich mich zu meinem „Wahnsinn", zu meiner „thymopsychischen Biografie". Sie ist der Abklatsch eines sympathikotonen Menschen mit einer erhöhten emotionalen Intelligenz sowie einem hohen Anteil an Zivilcourage, auf den ich sehr stolz bin (was aber für einen „Sicherangestellten" ein Wahnsinn ist).

Ich bin stolz darauf, dass ich in der ersten Zeit meiner wilden Jahre imstande war, Angehörige meiner Berufsgruppe und demnach meine Kollegenschaft zu verärgern. (Man könnte mich auch als Nestbeschmutzer bezeichnen.) Ich bin stolz darauf, mir – durchaus geplant und nicht im Sinne einer verbalen Inkontinenz – Feinde und Gegner geschaffen zu haben. Heute muss ich immer wieder daran denken, dass gerade sie es waren, die mich veranlassten weiterzumachen, aktiv zu bleiben, mich persönlich, aber letztlich auch mein Pflegemodell weiterzuentwickeln.

Nur wer gegen den Strom schwimmt, bewegt sich und die Welt. Gegen den Strom zu schwimmen, hat mir gut getan. Gegen den Strom zu schwimmen, ist wie Radfahren, und Radfahren ist wie Leben. Wer nicht mehr in die Pedalen tritt, fällt um. Wer nicht schwimmt, geht unter. Damit lebe ich MICH in meinem eigenen Modell selbst, in dem Sinne, dass man nur „solange man lebt, lebendig sein kann!"

Gegen den Strom zu schwimmen, hat mir zudem eindeutig jenen Vorteil gebracht, dass ich heute oder morgen dekompensieren kann, wo immer ich will (im deutschsprachigen Raum). Stets wird ein Böhm-Haus in der Nähe sein, und somit werden Menschen vorhanden sein, die mich wieder nach Hause, in mein Milieu, zurückintegrieren. In diesem Sinne schaffte ich mir mein eigenes Pflegetestament und, bei Bedarf, dessen re-aktivierende Durchführung.

Aber was wäre aus mir geworden, wenn ich nicht gegen den Strom geschwommen wäre? Ich wäre ein verwahrender Pfleger wie abertausend andere Pfleger geworden, ein Schauspieler wie abertausend andere Schauspieler oder ein Chirurg wie abertausend andere Chirurgen. So aber wurde ich ICH: Böhm!

Gehasst, geliebt, populistisch, mit Kollegen, die für mich sind, und Kollegen, die gegen mich sind, aber stets präsent. Aber das ist – wie wir Österreicher sagen – Wurst! Ich weiß, dass ich mindestens 17 000 Alzheimer-Patienten re-integriert habe!

Heute kann ich behaupten, dass ich einen Berg aufgebaut habe, auf den viele Kolleginnen und Kollegen ihre Häuser stellen. Sie machen das gut oder eben schlecht. Manche gar ohne jegliche Grundfeste und ohne Grundwissen. Sie schreiben ab, sie entnehmen meinem Modell Fragmente und verkaufen sie als ihre eigenen. Was nun nicht verzweifelt oder gar depressiv klingen soll, ganz im Gegenteil.

Jedes Mal, wenn von mir erfundene Begriffe verwendet werden, ohne dass die Referenten deren Herkunft kennen (etwa Ausdrücke wie „Warm-satt-sauber-Pflege“ und „Übergangspflege“, die von den Deutschen in „Überleitungspflege“ umbenannt wurde), weiß ich: Du hast es geschafft! Du hast es geschafft, in der Pflege eine Rolle zu spielen, die Pflege dein ganzes Leben lang beeinflusst zu haben. Du hast es geschafft, vom Freund und vom Feind als stiller TÄTER anerkannt, statt nur zum REDNER ernannt worden zu sein. Ich lebte als Systemveränderer, statt wie üblich als Systembewahrer. Was will man mehr im Leben als eine gewisse ICH-Wichtigkeit? Und die habe ich bei meinen Freunden wie bei meinen Feinden erreicht.

Meine Frau Hannelore sagt häufig zu mir: „Weißt du, wenn du nicht die Pflege reformiert hättest, wenn du bei der Straßenbahn gelandet wärest, dann würden in Wien alle Straßenbahnen anders sein.“ Ich glaube fest daran, dass sie mit dieser Äußerung Recht hat! Mein ganzes Leben, meine ganze Biografie ist ja immer wieder ein Verändern, ein Umräumen, Umschaufeln und Umkrempeln – was für mich selbst genauso gilt wie für die anderen (meine Umgebung) und für die jeweiligen Situationen.

Mit diesem Satz drückt Lore dasselbe aus wie Pearl S. Buck mit ihrem Aphorismus: „Rastlosigkeit ist der Kern unseres Daseins“. Wobei „Rastlosigkeit“ nicht mit dem aus der Psychologie stammenden Begriff des „sinnlosen Aktivismus“ verwechselt werden sollte.

Mit sechzig Jahren, also komischerweise noch *vor* meinem Ableben, wurde mir zudem die Zuerkennung des Berufstitels Professor zuteil. Ein Titel, den ich mit Würde trage und der vor allem auch meinen jungen Kolleginnen und Kollegen als Nachahmungsempfehlung dienen soll. Auf Grund meines Titels sollen sie erkennen, dass man im Leben etwas zustande bringen kann, wenn man etwas tut. Ich habe diesen Titel für alle Pflegepersonen erhalten, die gegen den Strom schwimmen - im Sinne unserer Klienten!

Erst heute, in reiferem Alter, weiß ich, was die Bezeichnung „Lebensabschnittspartner" bedeutet. In meinem Leben habe ich mich selbst, meine Partnerinnen und die Kollegenschaft immer wieder überholt. Plötzlich passte der Partner nicht mehr, plötzlich passten die Kollegen nicht mehr – ich war, wie die Kletterer sagen, „zu weit vorausgestiegen!"

In meinen reiferen Jahren begegnete ich den Menschen, die ich, wie ich heute weiß, erst heute brauchen kann! Privat ist das zweifellos meine Frau Hannelore; dienstlich und wissenschaftlich sind das Menschen wie Marc Avarello und seine neue ENPP-Crew. Mit solchen Partnern hätte ich Jahre zuvor noch nichts anzufangen gewusst. Sie wären mir zu stark gewesen.

Das heißt mit anderen Worten: Leben ist Entwicklung. Entwicklung erfordert das Suchen nach entwickelten Partnern, nach Ergänzern. Erst wenn es sich um Ergänzer handelt, nennt man diese Menschen, mit denen man in einer bestimmten Zeitgeist-Phänomenologie zusammenlebt oder zusammenleben kann, meiner Meinung nach Lebens- oder Berufspartner.

Da sich in Zukunft Lore ebenso weiterentwickeln wird (ich weiß das) wie das ENPP und auch Marc Avarello, bin auch ich gezwungen, mich weiterzuentwickeln und keinen Stillstand eintreten zu lassen. Demnach ist das Alter nicht Schicksal, sondern „selbst gemachte" Biografie, die sich beim Älterwerden als erfüllend oder als unbefriedigend herausstellt.

Leben ist, wie gesagt, wie Radfahren: Wenn man nicht mehr in die Pedalen tritt, fällt man um! Ich möchte noch lange treten. Und in den zweiten Teil meiner Biografie die kommenden Jahre meiner Entwicklung mit meinen jetzigen Partnern einbringen.

Oder, wie Böhm sagen würde: „Besser mit Spaß durchs Leben als ohne Bier durch die Sahara!"

Tabellarischer Lebenslauf

Erwin Böhm, geboren am 16. Mai 1940, ist österreichischer Staatsbürger. Zunächst erlernte er das Autospengler-Handwerk. 1963 legte er sein Examen als Krankenpfleger ab. Anschließend arbeitete er ausschließlich in verschiedenen Fachgebieten der Psychiatrie, bevorzugt in der Psychogeriatrie. 1970 absolvierte er seine Weiterbildung zum Unterrichtspfleger. 1974 übernahm er die Position des Oberpflegers im psychiatrischen Krankenhaus Wien. Von 1980 bis 1982 war er außerdem Pflegedienstleiter der Abteilung „Übergangspflege" beim Kuratorium für psychosoziale Dienste in Wien. Vier außerordentlich wichtige Begriffe sind mit seiner Arbeit verknüpft: Die re-aktivierende Pflege, die Übergangspflege, das psychobiografische Pflegemodell mit seiner eigenen Methodik der Pflegediagnose und schließlich die psychobiografische Pflegetheorie.

Wichtige Stationen auf seinem beruflichen Lebensweg:

1968: Infragestellung der Altenpflege. Auszeichnung mit dem Münchner Fortbildungspreis.

1970: Formulierung einer neuen Ethik der Altenpflege. Erste Entwicklungsarbeiten zum psychobiografischen Paradigma.

1978: Der erste psychogeriatrische Patient wird im Alleingang vom Krankenpfleger Erwin Böhm gegen den Rat der Anstaltsärzte und der Kollegen in seine Wohnung re-integriert. Zwei disziplinäre Androhungen sind die Folge.

1979: Zustimmung des Wiener Stadtrats, die neu entwickelte Wiener Übergangspflege als Modellprojekt zu starten. In der Folge wurden 40 nebenberuflich beschäftigte Pflegepersonen eingestellt.

1980: Die Übergangspflege wird eine eigene Dienststelle des „Kuratoriums für psychosoziale Dienste" in Wien.

1981: Erforschung des symptomspezifischen Verhaltens, einer neuen Herangehensweise zum verstehenden Umgang mit so genanntem herausfordernden Verhalten.

1982: Der tausendste Patient wird in sein eigenes Daheim entlassen. Die Auswertung zeigt, dass nur fünf Prozent dieser Patienten wieder zurück in eine stationäre Pflege müssen. Zu dieser Zeit entsteht das erste Buch: „Krankenpflege. Brücke in den Alltag" (1985).

1983: Entwicklung der re-aktivierenden Pflege nach Böhm und Verleihung des silbernen Verdienstzeichens der Stadt Wien

1984: Zu diesem Zeitpunkt können bereits 1 500 Patienten nach Hause entlassen werden. Erwin Böhm wird stellvertretend für das gesamte Team der „Wiener Übergangspflege" mit dem Hauptpreis der Anton-Benya-Stiftung ausgezeichnet.

1985: Verleihung des Gießener Krankenpflegepreises. Das in hochkarätigen Fachkreisen stark beachtete Buch „Krankenpflege. Brücke in den Alltag" erscheint im Psychiatrie-Verlag. Das Modell der Übergangspflege wird von Persönlichkeiten wie Prof. Dr. Ursula Lehr, Prof. Dr. Leopold Rosenmayr, Prof. Dr. Dr. Klaus Dörner, Prof. Dr. Hans Strotzka, Dr. Margret Baltes, Prof. Dr. Erich Grond und Prof. Dr. R.-M. Schütz gewürdigt und zur Nachahmung empfohlen. In tiefer Bewunderung für die wissenschaftliche Kompetenz von Erwin Böhm reicht Prof. Dr. Dr. Klaus Dörner am 18. November 1985 einen Antrag zur Verleihung der Doktorwürde bei der Universität Gießen ein.
Vorstellung der Übergangspflege auf dem Weltkongress für Geriatrie in New York. Erforschung der kollektiven Prägungsgeschichte und deren Implikationen für die psychogeriatrische Pflege.

1987: Erforschung der „Urkommunikation" im psychobiografischen Zusammenhang.

1988: Die Pflegediagnose nach Böhm wird anerkannt. Das Buch „Verwirrt nicht die Verwirrten" erscheint im Psychiatrie-Verlag und wird in den nächsten Jahren zum Bestseller. Verleihung des ORF-Seniorenpreises.

1989: Das Buch „Pflegediagnose nach Böhm" erscheint im RECOM-Verlag.

1990: Gründung des Fortbildungsvereins AGPK, „Österreichische Gesellschaft für geriatrische und psychogeriatrische Fachkrankenpflege und angewandte Pflegeforschung". Erwin Böhm ist Präsident. Die Ansätze Böhms finden mehr und mehr Anklang in der Altenpflege. Leider wird vieles ohne Quellenangabe übernommen und kopiert, eine Entwicklung, die bis zum heutigen Tag anhält.

1991: Das vierte Buch „Alte verstehen“ erscheint im Psychiatrie-Verlag.

1992: „Ist heute Montag oder Dezember“ erscheint im Psychiatrie-Verlag. Es ist im Wesentlichen eine Überarbeitung des Buches „Krankenpflege. Brücke in den Alltag.“

1993: Böhm gibt die Leitung der „Wiener Übergangspflege“ an seinen Schüler Gerhard Rott ab.

1994: Systematische Ausbildung von Referentinnen und Referenten zur didaktischen Vermittlung des Modells in Zusammenarbeit mit Instituten in Österreich, der Schweiz, Luxemburg und Deutschland.

1997: Erwin Böhm wird Fortbildungsbeauftragter des KAV.

1999: Das zweibändige Grundlagenwerk zum „Psychobiografischen Pflegemodell nach Böhm“ erscheint im Verlag Wilhelm Maudrich. Es enthält auch den Entwurf seiner psychobiografischen Pflegetheorie.

2000: Die satirische Seite Böhms manifestiert sich im launigen Buch „Pschyr-Rempler oder Medi-Zynische Böhm-Merkungen“ im Verlag Wilhelm Maudrich.
Verleihung des „Ehren-Lazarus“ zur Würdigung seines wissenschaftlichen und humanitären Lebenswerks.
Ernennung zum akademischen Professor.

2001: Gründung des „Europäischen Netzwerks für Psychobiografische Pflegeforschung nach Prof. Böhm“ (ENPP) in Zusammenarbeit mit Dr. Marc Avarello. In Kooperation mit unzähligen Fachleuten aus der Schweiz, Österreich, Deutschland und Luxemburg dient das ENPP der didaktischen Vermittlung, praktischen Umsetzung und wissenschaftlichen Weiterentwicklung der psychobiografischen Pflegetheorie nach Prof. Böhm.

2002: Übergabe des Präsidentschaftspostens des AGPK an seine langjährige Schülerin Maria Riedl.
Beginn der umfangreichen Forschungsarbeiten zum Thema psychologische Prävention im späteren Lebensalter. Arbeitstitel: „Wenn der Knoblauch nicht mehr hilft“.

Wichtigste Veröffentlichungen

Böhm, Erwin: *Psychobiographisches Pflegemodell nach Böhm*. Band I: *Grundlagen*, Wien: Verlag Wilhelm Maudrich 2001. 2. Auflage

Böhm, Erwin: *Psychobiographisches Pflegemodell nach Böhm*. Band II: *Arbeitsbuch*, Wien: Verlag Wilhelm Maudrich 1999

Böhm, Erwin: *Pflegediagnose nach Böhm*, Basel: Recom Verlag 1989

Böhm, Erwin: Krankenpflege – Brücke in den Alltag. Loccum: Psychiatrie-Verlag 1985

Böhm, Erwin: *Alte verstehen*, Bonn: Psychiatrie-Verlag 2000

Böhm, Erwin: *Ist heute Montag oder Dezember*, Bonn: Psychiatrie-Verlag 1999

Böhm, Erwin: *Verwirrt nicht die Verwirrten*, Bonn: Psychiatrie-Verlag 1999

Böhm, Erwin: *Zuerst muß die Seele bewegt werden. Zweistündiges Lehrvideo zur Psychobiographischen Pflegetheorie*, Itzig: Service RBS 2001

Aktiv und selbstbewusst: Der Service RBS A.s.b.l. in Itzig zeigt vielfältige Wege der Seniorenarbeit

In einer Zeit, in der immer mehr Menschen einen ausgedehnten Lebensabend vor sich haben, ist eine positive Einstellung zum Alter überaus wichtig. Aus diesem Grund möchte der Service RBS A.s.b.l. mit seinen zahlreichen Aktivitäten und Publikationen neue Perspektiven, Denkanstöße und Impulse in den Bereichen Altenpflege und Seniorenarbeit aufzeigen. Die Aufgaben des Service RBS, der Anfang 1989 auf Initiative des Familienministeriums gegründet wurde, gliedern sich in zwei Schwerpunkte: dem Fortbildungsinstitut und der Seniorenakademie.

Letztere bietet eine Vielfalt an sportlichen, kulturellen und kreativen Möglichkeiten der Freizeitgestaltung sowie Kurse zur Förderung der Gesundheit an. Es gilt ein breitgefächertes Programm, das auf die Bedürfnisse der Teilnehmer zugeschnitten und nach ihren Wünschen gestaltet ist. Die Palette reicht u.a. von Tai Chi und Rückenschule über Internet- und Handyseminare, Literatur-, Mal- und Poesiekreise, Wander- und Kulturausflügen bis hin zu Vorträgen sowie Selbsterfahrungs- und Diskussionsgruppen. In dem viermal jährlich erscheinenden Magazin »Aktiv am Liewen« finden die Leser Informationen, Reportagen und Beiträge rund ums Thema aktive, selbstbewusste Senioren. Zielgruppe der Veranstaltungen sind Menschen über 50, die aus den unterschiedlichsten Motiven kommen: Die einen vor allem, um sich weiterzubilden und ihren Horizont zu erweitern; die anderen, weil sie den Kontakt zu Gleichgesinnten suchen. Besonders Engagierte können sich zu ehrenamtlichen »Multiplikatoren« ausbilden lassen und so ihre spezifischen Fähigkeiten und Kenntnisse später an andere weitervermitteln.

Ferner wendet sich der Service RBS mit seinen praxisnahen Fort- und Weiterbildungsmaßnahmen an alle Fach- und Führungskräfte der ambulanten und stationären Altenhilfe und Altenpflege. Ein Bereich, der sich durch eine stärkere Nachfrage, aber auch höhere Qualitätsanforderungen kontinuierlich neu beweisen muss. Ein fachlich hochwertiges und flexibles Seminar- und Beratungsangebot vermittelt den professionellen Kräften bei ihrer Gratwanderung zwischen marktwirtschaftlichen und humanitären Ansprüchen das nötige Wissen. Die Kursschwerpunkte reichen vom Umgang mit alten Menschen nach verschiedenen Pflegetheorien (u.a. das Psychobiographische Pflegemodell nach Prof. Erwin Böhm, Validation nach Naomi Feil oder Kinästhetik) über Management in sozialen Organisationen bis hin zu gut verständlichen PC-Trainings. Die dreimal jährlich erscheinende Fachzeitschrift »Bulletin« erklärt aktuelle Trends und Tendenzen in der Altenpflege und beinhaltet fundierte Beiträge zu Gerontologie, Psychogeriatrie und Sozialmanagement.

Informationen bei:

Service RBS A.s.b.l.
20, rue de Contern
L-5955 Itzig
Tel. (+352) 36 04 78 27, Fax 36 02 64
www.rbs.lu , www.internetsenioren.lu
fortbildung@rbs.lu, akademie@rbs.lu